"十三五"国家重点图书出版规划项目
国 家 战 略 预 警 研 究 译 丛

减少不确定性

情报分析与国家安全

REDUCING UNCERTAINTY

Intelligence Analysis and National Security

[美] 冯稼时（Thomas Fingar）著
陈枫 译

金城出版社
GOLD WALL PRESS
·北京·

图书在版编目（CIP）数据

减少不确定性：情报分析与国家安全 /（美）冯稼时 (Thomas Fingar) 著；陈枫译 .—北京：金城出版社有限公司，2020.12
（国家战略预警研究译丛 / 朱策英主编）
书名原文：Reducing Uncertainty: Intelligence Analysis and National Security
ISBN 978-7-5155-2076-6

Ⅰ. ①减… Ⅱ. ①冯… ②陈… Ⅲ. ①军事情报—情报分析 Ⅳ. ① E87

中国版本图书馆 CIP 数据核字（2020）第 219117 号

减少不确定性：情报分析与国家安全

JIANSHAO BUQUEDINGXING QINGBAO FENXI YU GUOJIA ANQUAN

作　　者	[美] 冯稼时
译　　者	陈　枫
策划编辑	朱策英
责任编辑	李明辉
责任校对	李晓凌
责任印制	李仕杰
开　　本	700毫米 × 960毫米　1/16
印　　张	12
字　　数	185千字
版　　次	2020年12月第1版
印　　次	2020年12月第1次印刷
印　　刷	天津旭丰源印刷有限公司
书　　号	ISBN 978-7-5155-2076-6
定　　价	70.00元

出版发行	**金城出版社有限公司** 北京市朝阳区利泽东二路3号　邮编：100102
发 行 部	(010) 84254364
编 辑 部	(010) 64271423
投稿邮箱	gwpbooks@yahoo.com
总 编 室	(010) 64228516
网　　址	http://www.jccb.com.cn
电子邮箱	jinchengchuban@163.com
法律顾问	北京市安理律师事务所　(电话)18911105819

编者语

当今全球局势复杂多变，安全冲突此起彼伏，不确定性与突发性相互交织，给世界带来了全新的挑战。提高战略预警能力，完善国家战略预警系统，成为各国的必然选择。

国家战略预警，指一国武装力量为防御突然袭击，运用预警技术监视别国战略进攻性武器活动态势的综合性警戒手段。它关乎一国的战略核心利益，是维护国家安全、执行战略行动的重要保障，是国家防御体系的重要组成部分，是国家战略防御和威慑力量不可或缺的重要基础。战略预警攻防兼备，以守为攻。其目的在于，及时在尽可能远的警戒距离内，准确探测识别敌方攻击，分析判断各类情报信息，发布先期警戒情报，使国家决策层尽早采取反制措施，甚至先发制人。

针对敌方的突然袭击，如何识别、预警、预判、反制、威慑、防御，是全球情报人士热切关注的问题。为此，我们特别策划了“国家战略预警研究译丛”，将该领域的国际研究成果推荐给中国读者，供读者批判性学习。丛书主要针对的是国家层面的战略预警，内容涵盖早期预警、情报搜集、情报分析、预判突袭、预先防御、先发制人、情报失误、减少不确定性等方面。我们所精选的作品，既有享有盛誉的经典著述，也有一些顶尖专家的最新研究，备受各国情报人员和国家安全学者推崇。

目前，中国已进入一个全新时代，比历史上任何时期都更接近实现民族复兴的目标。但前进的道路不可能一帆风顺，我们还面临许多重大风险挑战。我们真诚希望本套丛书，可对我国相关领域的从业者有所启迪；为维护我国国家安全、践行总体国家安全观，在理论与实践上有所探索。

目 录

第1章
减少不确定性

美国政府每年都会投入数十亿美元来减少不确定性（uncertainty）。国家气象局每年支出超过10亿美元用于预测降水量、追踪暴风雨、预报天气。[1]疾病控制中心花费60多亿美元检测和调查国内外的健康问题。[2]农业部和能源部跟踪和预测农作物和各种能源的生产。[3]事实上，联邦政府每一个机构都在监控和预测各种问题的发展趋势，因为农民、制造商、州政府、旅行者以及各行各业的公民都希望获得信息，使其能够就种植什么作物、是否投资以及去哪里旅行，做出更加明智的决定。换句话说，我们花了很多资金来预测问题、发现机会、避免错误。

---

[1] 原注：美国国家海洋和大气管理局2010财年预算重点，关于气象预算（美国国家气象局），参见 www.corporateservices.noaa.gov/nbo/FY10_BlueBook/NWS_OnePager_050609.pdf。

[2] 原注：美国国家疾病控制与预防中心2010财年预算简报，参见 www.hhs.gov/asrt/ob/docbudget/2010budgetinbriefg.html。

[3] 原注：例如，参见 U.S. Department of Agriculture, World Agricultural Supply and Demand Estimates, at www.usda.gov/oce/commodity/wasde/latest.pdf; 及U.S. Energy Information Administration, Annual Energy Outlook Early Release Overview, Report No. DOE/EIA-0383 (2009), December 14, 2009, at www.eia.doe.gov/oiaf/aeo/overview.html。

我们每年用于减少不确定性的开支近500亿美元，其中相当大一部分流向了美国情报界（Intelligence Community, IC）。[1] 由于我们强调自己国家、利益和人民所面临的威胁，因而对这笔资金的需求是合理的。例如，国家情报总监（Director of National Intelligence, DNI）提交国会的《年度威胁评估》（*Annual Threat Assessment*，ATA）的机密和非机密版本，对问题和危险的关注远多于对事件形成机会的关注。[2] 这种重视可以理解，却令人遗憾。因为它模糊了情报界最重要的职能之一，导致分析人员和情报机构对一些潜在机会的关注极少，而正是这些机会，能够推动事态向着更有利的方向发展。[3]

美国情报界减少不确定性的工作，在很多重要方面与美国政府其他机构不同。当然，最明显的一点是，它可以得到秘密获取的信息以及其他机密信息。事实上，美国情报界存在的目的，在某种程度上就是要发现秘密并搜集学者、记者、银行家、外交官或其他"情报搜集者"[4] 无法获得的信息。使用机密信息，并不能自动使情报界所做的分析优于仅使用非机密信息所做的分析。但是，如果情报界的信息搜集者设法拦截、诱导、购买或窃取他人希望隐藏的信息，那么减少大量传统国家安全问题的不确定性，可能会更加准确，而且往往更加可靠。

---

[1] 原注：Office of the Director of National Intelligence, "DNI Releases Budget Figure for 2010 National Intelligence Program," October 28, 2010, at www.dni.gov/press_releases/20101028_2010_NIP_release.pdf.

[2] 原注：例如，参见 Dennis C. Blair, director of national intelligence, Annual Threat Assessment of the US Intelligence Community for the Senate Select Committee on Intelligence, February 2, 2010, at www.dni.gov/testimonies/20100202_testimony.pdf。

[3] 原注：这一点在第4章有更详细的讨论。

[4] 原注：这并不是说学者、记者、银行家、外交官或许多其他经常提问和搜集信息的人都是"间谍"。"间谍"使用秘密手段获取信息，而这里提到的其他人，用情报术语来说，就是"公开的搜集者"。他们搜集和传播的信息，都是普通信息，用华盛顿晦涩的语言系统来说，就叫"开源情报"（open source intelligence）。

与美国政府其他机构相比，美国情报界减少不确定性工作的另一个不同点在于，情报界的大多数产品具有很长的保密期。这么做的理由包括：保护情报来源和获取方法（即我们如何获得信息）、重视客观性和明确性（如果分析是为了公众传播，就很难对外国政治领导人或军事能力进行务实的评估），以及如下事实：情报界许多评估被用于决定美国政府的政策和谈判立场（告诉其他人，美国官员就某个问题做出决定之前正在考虑什么，通常被认为并无助益）。尽管一再有相反的主张，但情报界的分析产品不会长期保密，这样纳税人就可知道他们每年花 500 亿美元得到了什么。保密决定是在完成评估后做出的，这总是根据报告中使用的信息密级决定的。我无法想象一个分析人员或管理者会说，实际上“这个分析真的很糟糕。让我们把它提交决策者，但需给它一个非常严格的保密级别，这样公众就不会知道它有多糟糕了”。根据我的经验，大多数情报评估既不迷人或令人兴奋，也鲜有任何形式的理论突破。但这并不意味着它们制作粗糙或价值不大。如本书第 5 章所述，已有数百份《国家情报评估》（*National Intelligence Estimate*）被解密并予以公布。其中大多数经得起很好的推敲，尤其是以如下标准评判：“这些评估在刚出炉时，对决策者有用吗”，以及“它们是否有助于减少美国政府正在审议事务中的不确定性，即使只是重申官员们对该问题的理解”。

减少不确定性，有时涉及公开和秘密地获取信息，这被认为有助于理解事态的进展或意图；有时涉及研究和分析，以产生卡尔·福特（Carl Ford）所称的“新知识”，即通过认真思考我们所掌握的尚未加工的信息，得出更好的理解和新的见解。[1] 还有一些时候，它涉及努力证实或否定用户或同行分析人员提出的某种预感，或反驳会议或媒体所发表的声明。换句话说，减少不确定性可以采取多种形式并涉及多种类型

[1] 原注：卡尔·福特在情报界担任过众多高级职位，包括国防部主管情报研究、政策定位的助理部长，以及国会的幕僚工作。

的分析，但它总是努力加强对已知事物、未知事物、正在发生的事件、事件的可能走向、背后的驱动力，以及可能改变事态发展轨迹之因素的理解。

与政治的哗众取宠和媒体的夸大其词所助长的虚构描述和公众误解相反，情报机构的存在，不仅仅是窃取机密并“找出真相”。挖掘敌人希望隐藏的信息，发现（并挫败）恐怖阴谋以及对我们国家和利益的其他威胁，都是重要的任务。尽管有贬损的刻画，但我们在大多数情况下表现得很好。我们从未打出过 1.000 的打击率，永远也不会。但在大部分时间里，及时、基本正确地塑造、预防或准备应对有可能影响我们国家、公民和利益的事态发展，一直是我们最重要的目标和成功标准。与高薪球手不同，我们永远不会满足于 0.300 的打击率。国家安全要求我们尽可能地接近 1.000 的打击率，并且每一位名副其实的情报分析人员都有决心这样做，无论是个人还是集体。[1]

出于爱国主义、专业精神和个人自豪感等原因，情报界的分析人员渴望达到极高的绩效标准。高标准和高期望是这个行业的内在要求，因为分析人员表现的好与坏可能对现实世界产生影响。正如我对数千名新人所说的那样，他们必须始终认识到这样一个事实，即美国政府官员将受到他们所说和所写内容的影响，并从中获得信息，而美国政策和行动的有效性将

---

[1] 原注：有些读者可能听过，我在其他场合说，我对美国情报界表现的估计是，我们的打击率平均在 0.850——这已经远高于一位球手进入名人堂所需的门槛。但实际上，我希望看到我们的平均打击率有所下降。正如我在一些谈话中明确指出的，我这么认为的原因是，我们明明需要解决一些信息匮乏的难啃问题，而平均分还如此之高，这说明我们在容易解决的问题上花费了太多精力，从而拉高了我们的平均水平。这里的重点是，美国情报界应该关注最困难的问题，回答那些问题将增强对真正重大问题的理解，并减少在那些问题上存在的不确定性。如果这样做，我们可能会更频繁地出现部分错误，但是对于我们为之服务的人来说，其潜在的好处，可能比在他们足够了解、能够做出决定的事情上提升舒适度的好处要大得多。如此做困难重重，因为我们所支持的人并不愿意支付机会成本。

在一定程度上取决于他们所做的分析。对于在美国情报界工作的人来说，经常被用来调侃的短语“足以胜任政府工作”，与传统用法有着截然不同的含义。在情报界，“足以胜任政府工作”不仅意味着它必须尽可能准确，而且必须清楚地说明关于这个问题，哪些是已知的，哪些是未知的；现有信息的数量和质量；使用哪些假设弥补情报空白（intelligence gap）；考虑了哪些替代方案，以及分析人员对证据和判断有多大的把握等。[1] 它还需要在合适的时间解决适当的问题，并确保向所有对的人提供信息和观点。[2]

上一段总结的要求列表第一项涉及技术问题。在大多数方面，好的情报分析的必要条件，与好的学术分析和其他类型好的分析的要求是一致的。美国情报分析人员可以而且必须高度依赖他们在研究生院学到的分析方法。学术界和情报界之间存在着差异（例如，蓄意隐藏信息、欺骗或误导外国政府的情况，在情报界比在学术研究中更常见），但这些差异理应促使情报

[1] 原注：本文提及的，以及其他“技术”（tradecraft），详见 *Intelligence Community Directive 203: Analytic Standards* (ICD 203), June 21, 2007, at www.dni.gov/electronic_reading_room/ICD_203.pdf；*Intelligence Community Directive 206: Sourcing Requirements for Disseminated Products* (ICD 206), October 17, 2007, at www.dni.gov/electronic_reading_room/ICD_206.pdf；以及 *Intelligence Community Directive 208: Write for Maximum Utility* (ICD 208), December 17, 2008, at www.dni.gov/electronic_reading_room/ICD_208.pdf。

[2] 原注：本书所有章节中围绕的主题是：如何确定要问的“正确”问题；何时需要向决策者提供相关信息、见解和答案；谁需要这些信息（也就是说，除了处理问题的分析人员的直接用户之外，还有哪些官员需要这些信息，因为他们也将成为决策过程的一部分）。同时参见 Thomas Fingar, “Analysis in the US Intelligence Community: Missions, Masters, and Methods,” B. Fischoff and C. Chauvin, editors, *Intelligence Analysis: Behavioral and Social Scientific Foundations* (Washington, DC: The National Academies Press, 2011), Chapter 1；及 Thomas Fingar, “Office of the Director of National Intelligence: Promising Start Despite Ambiguity, Ambivalence, and Animosity,” in Roger Z. George and Harvey Rishikof, eds., *The National Security Enterprise: Navigating the Labyrinth* (Washington, DC: Georgetown University Press, 2011), 139–155。

界采用比同行评审学术论文更高的分析标准。[1] 换句话说，我不赞同那种认为必须放过情报分析人员的论点，因为他们的工作条件和制约因素，通常是大学或智库研究环境中所没有的。相反，美国情报界的绩效标准不会低于，甚至说必须高于学术界的标准，原因很明显：情报分析的潜在影响更重大。一个做得不好或马虎的学者，会受到同行的指责，还可能会被剥夺职位。但错误的情报分析有可能改变美国外交或安全政策的方向，诋毁或支持外国领导人或政府的立场，引发对公民或法人行动者（corporate actor）忠诚度的质疑，或导致美国采取不正当或适得其反的军事行动。[2]

相比学术研究，前文提到的第二项要求，即正确的问题、正确的时间和正确的人，与情报分析的关系更密切，但对于某些类型的智库研究和为特定用户提供分析的咨询公司来说，两者也有相似之处。虽然存在重要的差异，但美国情报界、智库和咨询公司都会制作“有针对性的”评估，为特定的决策提供信息，或施加影响。这三者也制作其他类型的分析，但我所强调的重点是特定用户要求的产品，或者由足够了解问题和目标受众的分析人员或管理者主动制作的产品，他们能够判断在特定时间点检查某个特定问题或一组问题，会对目标决策者有所帮助。[3]

---

[1] 原注：那些隐藏信息、欺骗观察人员的努力面临哪些挑战？例如，参见 James B. Bruce and Michael Bennet, “Foreign Denial and Deception: Analytical Imperatives,” in Roger Z. George and James B. Bruce, eds., *Analyzing Intelligence: Origins, Obstacles, and Innovations* (Washington, DC: Georgetown University Press, 2008), 122–137。（中文版《分析情报：国家安全从业者视角》，罗杰·乔治、詹姆斯·布鲁斯主编，2019 年 6 月由金城出版社引进出版。）

[2] 原注：关于采用错误情报分析而采取行动的例子，参见 James Risen, “To Bomb Sudan Plant, or Not: A Year Later, Debates Rankle,” *New York Times*, October 27, 1999, at: http://web.archive.org/web/20000831005711/http://www.library.cornell.edu/colldev/mideast/sudbous.htm。

[3] 原注：例如，参见 Ellen Laipson, “Think Tanks: Supporting Cast Players in the National Security Enterprise,” in George and Rishikof (2011), 289–299；及 Gerald Felix Warburg, “Lobbyists: U.S. National Security and Special Interests,” in George and Rishikof (2011), 269–287。

为提供信息产生的分析和为施加影响产生的分析，二者之间的界线可能非常模糊，或许主要存在于旁观者眼中。许多人认为情报分析人员必须远离这条线，以免他们涉嫌犯罪或政策宣传。[1] 我当然同意，情报分析人员绝不能成为政策的倡导者，他们必须尽可能地客观，而且必须让人看到是这样的。这一点，外加可以接触到情报界以外大多数分析人员无法获得的机密信息，是他们与众多其他向美国决策者推销信息和想法的个人和组织的区别所在。[2]

情报分析是一项艰巨的工作，但它在智力和心理上的回报可能是巨大的。揭开一个谜团、解决一个地缘政治困局，或者发现事态以前未知或未被评估的维度，该事态有可能影响国家安全及政策效力，这样的挑战需要严谨性、奉献精神和灵感的闪现。对于分析人员来说，这个过程本身很有趣；产生一份能够增进理解并帮助我们支持的人的评估，是非常令人愉悦的。然而，大多数时候，分析的成就主要或仅仅是得到同僚和主管上司的精神奖励和表彰。被我们支持的人拍拍脑袋，或被赞“好样的，孩子”，这样的情况比他们应得的要少得多。这难免令人遗憾，但也可能是不可避免的。因为情报支持的性质使其成为一个迭代的过程。在这个过程中，决策者和分析人员之间会进行持续交流，以澄清问题，将新信息整合到现有的知识框架中，并产生更多的递增式理解。这种情况，要多于那种“重大发现”的兴奋时刻。分析人员在这一过程中发挥着关键作用，他们提供了新信息和新见解，一旦决策者掌握了新想法的所有权，回报就来了。在把想法或见解变成他们自己的之后，用户很少愿意分享功劳，除非他们对它仍然缺乏信心。情报分析人员必须记住，他们的目标不是让自己变得更聪

[1] 原注：关于这种担忧的讨论，参见 Michael A. Turner, *Why Secret Intelligence Fails* (Dulles, VA: Potomac Books, 2005), and James B. Bruce and Roger Z. George, “Intelligence Analysis—The Emergence of a Discipline,” in George and Bruce (2008), 1–15。

[2] 原注：参见 Fingar, “Office of the Director of National Intelligence” (2011)。

明，而是让那些他们支持的人更了解他们正在处理的问题，以期决策者做出更优的决策。根据我的经验，用户更倾向于提出更多问题并提供更多参加审议会议的机会，表达他们对分析协助的赞赏，而不是因分析人员提供的洞见引发或促成新的政策建议，来给他们记上一功。

解决分析难题比为服务对象提供有价值的建议更困难。在很多时候，我们可能不出彩，但却很有用。在国防部担任情报研究事务助理部长时，卡尔·福特经常提醒我们分析人员，在任何重要的问题上，决策者认为他们应该知道的事情可能有数十件。在他们认为很重要的几十件事情中，他们认为他们只知道少数，并且实际上能够理解的更少。这就给分析人员创造了一个巨大的机会，以提供有价值的见解。如果他们就决策者想知道的一件或几件事情提供新信息和（或）新见解，决策者就能增进对问题的理解，并减少不确定性。他们还可能给他们支持的用户提供官场优势，因为如果用户比其他人更好地理解问题，或者至少能够说服其他人，用户对这个问题有更深的理解，其他人更可能尊重或支持该用户的首选行动。

分析人员向决策者提供信息和见解，可帮助他们发挥优势，并加深他们对问题的理解，他们会很感激。他们往往会以更大的信心和更多的权限来回报。这很自然，并有助于分析人员更好地了解用户的情报和分析需求。[1] 这种关系不应该，也不能导致分析人员只向其主要用户提供新信息和见解。如果分析人员想有效地完成工作，他们需要得到所支持用户的信心和信任。但他们工作的一个重要部分，是确保其提出的见解能够提供给处理问题的“每个人”，而更困难的挑战是提供给所有可能认为这些见解有用的人。这意味着他们要与支持其他决策者的同行分享他们的见解；在

---

[1] 原注：分析人员与用户的关系将在本书第 3 章中进行讨论，同时参见 Mark M. Lowenthal, *Intelligence: From Secret to Policy*（中文版《情报：从秘密到政策》，马克·洛文塔尔著，2015 年 1 月由金城出版社引进出版），fourth edition (Washington, DC: CQ Press, 2009), Chapter 9；及 Richard K. Betts, *Enemies of Intelligence: Knowledge and Power in American National Security* (New York: Columbia University Press, 2007), Chapter 4。

广泛传播的出版物上发表他们的见解，在适当的网站上发布他们的见解；或按照密级将他们的见解记录下来，以便所有认为它们有用的人都可以轻松获取。[1]

连续性和变化

自古以来，情报工作的目的就是减少对手、政敌，有时还有伙伴和盟友的愿望、意图、军事力量和行动的不确定性。近年来，情报支持的用户想了解的情况发生了很大变化。同样地，搜集手段、行动速度和可用信息的数量也发生了变化。但情报界用户仍然希望避免意外，并充分、迅速地了解事态发展，以避免、改变或改善对国家安全和其他国家利益的潜在不利后果。其他的连续性包括用户和分析人员对“更多、更好”的情报永不满足的需求；持续存在的信息空白，必须通过假设、类比和替代假设（alternative hypothesis）加以弥补；以及经验丰富的分析人员和健全的谍报技术的极端重要性。本书的第一个目的是描述在过去 20 年中改变情报分析的范围、内容和时间线的一些变化。更重要的是，它旨在列举并解释做出准确、有洞察力和有用的分析判断所需的恒久必要条件。

第二个目的是描述分析人员做什么、如何做，以及那些塑造、使用，有时滥用他们在情报分析领域劳动成果的政治环境，会对他们造成怎样的影响。这本书是从个人视角来写的，他从底层、中层、高层见证了美国情报界不同组成部分内部和跨部门运作的整个过程。我知道，在情报界 18 个分析部门中，每个部门的任务、用户、专业知识要求，以及分析人员的职业发展道路均存在重大差异，因此，我极力主张必须尊重和保留大多数这种差异。[2] 更重要的是，要整合美国情报界不同部门的既有能力，并捕

[1] 原注：参见 Lowenthal 2009, Chapter 9；及 Betts 2007, Chapter 4。同时参见 ICD 208。

[2] 原注：美国情报界通常被准确地描述为由 16 个机构（即中央情报局［Central

捉其结构中潜在的协同效应。对分析人员作用和责任的探讨承认了这些差异，但重点放在共同点上。这样可以强调，分析人员的共同点比他们有时认为的要多；无论在哪里工作，良好情报分析技术的必要条件基本上是相同的。

第三个目的是，列举我作为参与观察者所学到的一些经验教训。我在 1970 年担任陆军语言学家和军事分析人员，由此开始了我的情报生涯。1989 年，我成为情报分析人员的高级管理者，并在 2005 年被任命为分析事务国家情报副总监和国家情报委员会（National Intelligence Council, NIC）主席[1]，我有机会领导了《2004 年情报改革与恐怖主义预防法》[2] 规定的分析转型工作。

在很多方面，这是一个关于个人的故事。我决定以这种方式撰写本书，是因为今天在情报界工作的分析人员，可能在未来一段时间内，将继续在我 2005—2008 年期间协助建立的框架内工作。我认为阐明在那段时间我为什么做那些事是很重要的。最终本书既不是个人史，也不是组织史。书中掺杂了我职业生涯中的一些轶事，它们帮助我形成了对什么是有

Intelligence Agency, CIA］、国防情报局［Defense Intelligence Agency, DIA］、联邦调查局、国家地理空间情报局、国家侦察局、国家安全局、司法部缉毒局国家安全情报办公室、能源部情报与反情报办公室、国土安全部情报与分析办公室、国务院情报研究局［Bureau of Intelligence and Research，INR］、财政部情报与分析办公室，以及美国陆军、美国海军、美国空军、美国海军陆战队、美国海岸警卫队的情报部门）组成。我在这个标准清单中增加了国家情报总监办公室的三个情报分析部门，即国家情报委员会、国家反恐中心和国家反情报执行办公室。关于这些部门的作用和使命的更多细节，参见 An Overview of the United States Intelligence Community for the 111th Congress, 2009, at www.dni.gov/overview.pdf。关于保留、提升和整合现有情报分析部门以任务为导向的能力，笔者就其重要性进行过论述，详见 Fingar, “Analysis in the US Intelligence Community” (2011)。

[1] 原注：2005 年 5 月至 2008 年 12 月，笔者兼任后两个职务。

[2] 原注：Intelligence Reform and Terrorism Prevention Act of 2004, Public Law 108-458—Dec. 17, 2004, Sec 102(b) (hereafter Intelligence Reform Act) at www.dni.gov/history.htm.

效的、什么是无效的看法。本书还呈现了我在领导分析人员时采用的变革方法。书中讲述了我的一些思考过程、我学到的和尝试付诸实践的经验教训，以及我所处的组织和政治环境以何种方式影响了我的决定。由于所有这些原因，本书并非讲述客观历史，更像分析性的叙述。本书并不自诩为情报界变革的权威报告，也不是对其他人所写情报界内容的全面梳理。实际上，本书引用的大多数消息来源，都旨在提供更多的信息或其他观点；收录并不一定意味着认可，但这里所引用的内容，可能会激发读者对我所写内容的更多思考和挑战，或者有助于澄清在本书中仅有粗略论述的要点。

预期的进化和升级

现代美国情报界的起源和目标，可追溯到第二次世界大战后的时代，从一些重要方面来看，它旨在避免“另一起珍珠港事件”。[1] 在大多数情况下，这需要对苏联及其盟国进行仔细的监控，以防范一个远比 1941 年日本帝国更强大的联盟发动突然袭击的可能性。我们变得非常善于监视苏联人，而他们也变得非常擅长监视我们。目标很明确，重点很突出，因而没有发生对美国的突然袭击。中苏关系破裂后，美国情报界扩大了工作重点，同时监视多个国家也变得得心应手。在这里，我想提出的重点是，几十年来，美国情报界的优先目标是监测大的民族国家的威胁。

2001 年 9 月 11 日之后，这种情况发生了变化，当时情报界大部分工

[1] 原注：参见 Department of State, Office of the Historian, *Foreign Relations of the United States, 1945–50: Emergence of the Intelligence Establishment* (Washington, DC:U. S. Government Printing Office, 1996), at www.state.gov/www/about_state/history/intel/index.html；及 Michael Warner, “Legal Echoes: The National Security Act of 1947 and the Intelligence Reform and Terrorism Prevention Act of 2004,” *Stanford Law & Policy Review*, 17:2 (2006), 303–318 at www.heinonline.org/HOL/Page?handle=hein.journals/stanlp17&id=1&size=2&collection=journals&index=journals/stanlp#3。

作重点从民族国家转向非国家行为体，主要是基地组织。监视非国家行为体，要比监视大国的常规和战略力量困难得多。情报界成功的标准也发生了变化，从侦测对美国、美国设施或其海外盟友的军事打击计划或准备工作，转变为侦测对美国本土内外的地标性建筑（landmark building）或其他非军事目标（nonmilitary target）进行非常规攻击（unconventional attack）的计划和准备。情报界的任务变得更加困难了，因为从侦测一次预示着危及数百万人和我们生活方式的核战争攻击，转变为侦测一次可能危及数千名美国人的孤立攻击事件。对于力量较弱的小团伙而言，他们带来的挑战反而更大。[1]

2009 年圣诞节航班爆炸未遂事件的后果表明，人们对情报界的期望和要求再次升级。现在，成功的标准是侦测那些通过摧毁一架飞机，杀死数百名美国人的个别不法分子的计划和准备。[2] 对于其他安全关切的对象和情报界关注的要求，也出现类似焦点缩小的情况。例如，精确地确定所有核导弹的位置已经远远不够；现在，情报机构需要准确定位单个恐怖分子、单个简易爆炸装置和单个集装箱的位置。换句话说，搜集和连接“情报点”数量的决定因素，已从少数几个大国扩展到近 200 个民族国家中的数十亿个体。随之而来的是对准确性的预期和要求的升级，所需要的不仅仅是转移焦点或增加几个分析人员。使用像“连点成线”这样简单的数学公式，即使没有其他变化（事实并非如此），从少数几个国家到数十亿个体的转变，也使挑战的难度增加了大约 10 亿倍。

---

[1] 原注：这一点将在第 2 章进行深入讨论，同时参见 The National Commission on Terrorist Attacks upon the United States, *The 9/11 Commission Report* (Washington, DC: U.S. Government Printing Office, 2004) (hereafter 9/11 Commission Report)；及 Fingar, “Office of the Director of National Intelligence” (2011)。

[2] 原注：参见 “White House Review Summary Regarding 12/25/2009 Attempted Terrorist Attack,” January 7, 2010, at www.whitehouse.gov/the-press-office/white-house-review-summary-regarding-12252009-attempted-terrorist-attack。

苏联的解体和冷战的结束，在其他很多方面改变了平衡和期望。一是大幅扩展了国家安全范畴下的问题范围，以涵盖各种关切，包括全球气候变化、传染病、网络安全、人口贩运、假药和国际犯罪网络等毫不相关的问题，现在许多问题被定义为"威胁"。这些"新"威胁或挑战或情报界责任中的每一项都是重要的，并且很难在全球范围内进行检测。以这种方式扩大范围，带来许多新"用户"。反过来，他们进一步增加了情报界责任清单中的问题和事务数量。

在扩大分配给情报界的问题范围，增加用户和他们想得到"更多信息"的议题数量的同时，技术搜集和数据管理能力也大幅提高。国防承包商及其他供应商正在寻求新的产品和服务市场，以取代冷战时期不再需要的产品和服务，他们乐于将情报界作为优先用户，并在搜集、处理和操纵数字数据方面产生更大的收益。当然，情报分析人员也很高兴能有更多的信息和更多的方法存储和操控数据，但很多人都被提醒，对他们想要的东西不要贪心，因为他们可能会轻松得到。经过多年对"更多情报"的需求，我们得到了，而且是海量的。分析人员现在被数据淹没了。事实上，还有数十亿倍多的"情报点"需要检查、评估并整合到情报分析产品中。那些轻描淡写地谈论"连点成线"的人，似乎并不知道，完成他们所谓简单到孩子都能做的任务是多么艰巨和困难。

搜集信息，是理解瞬息万变且相互联系日趋紧密世界的必要条件，但还不够。太字节[1]的数据并不能揭示事件发展的轨迹、驱动它们的因素、它们的走向、可能使它们脱轨或偏离轨道的因素，或者它们将如何与数千英里外的事态发展相互作用。分析人员的责任是弄懂数据，并从中提炼出有助于决策者的见解。换句话说，分析人员的作用是将数据转化为见解。我们接受这一责任，因为它有助于美国的安全和事业成功。这也是为什么情报分析人员的工作是有偿的，它是一个非常强大的激励因素。但这并不

[1] 译注：太字节（terabyte），计算机存储容量单位，常用 TB 表示。

是情报分析人员努力揭开谜团、解决难题和产生新见解的唯一原因。除了爱国主义和专业精神之外，我多年来遇到的大多数情报分析人员也受到工作中固有的智力挑战和精神奖励的激励。

在叙述中，这或许是一个很好的观点。它表明对不断升级的需求和期望的讨论，不应被解读为抱怨或哀叹。[1] 在某种程度上，它只是描述性的。正如一位前同事说过的："事实就是如此。"我讲述这些层面的变化，不是为了引发读者去同情过度工作却不被重视的分析人员的困境，也不仅是为了谴责一些人对情报分析人员工作（即连点成线）的贬低。我的目的是想以一种简明的方式解释：为什么更加努力工作、增加更多的分析人员，并简单地调整经过时间考验的情报业务，不足以满足当前和可预见的未来对情报支持的需求，而这种力所不逮甚至是危险的。为了满足这些需求和期望，必须变革美国情报界。从一些重要角度来看，这是一本关于转型的书。更具体地说，本书试图描述我本人如何看待曾经领导的情报分析工作转型。在其余各章中，我将使用轶事和例证说明我如何看待亲身经历的、不断变化的环境，以及我在情报研究局工作和担任情报分析事务国家情报副总监时活学活用的经验教训。我之所以这样写，是为了说明成为情报分析人员是一种怎样的体验，并阐述我自己对与改革密切相关问题的想法，希望这样做能激发其他人做同样的工作，并继续从我任内开始的转型。

[1] 原注：写下这些文字，让我想起与一个人的频繁交流。克里斯是我见过最好的情报分析人员之一。多年来，大约每隔半年，克里斯就会来看我，抱怨越发严格的要求、不合理的截止日期、分析人员太少而无法检查我们收到的所有信息、令人失望的软件，等等。他总是一边提建议，一边发牢骚，但他来的主要原因还是释放压力。此类谈话每次都以同样的方式结束——克里斯会说："上帝啊，我爱这份工作。我不敢相信做自己如此喜欢的事情，还能得到报酬。"很少有分析人员像克里斯一样出色，但许多人都同样热爱这份工作。

本书架构

这是一本关于美国情报分析人员作用和责任的书。因此，它对情报搜集、秘密行动、“9·11 事件”后为减少外国情报与国内执法之间壁垒而做的工作、设立国家情报总监办公室、将情报界从多个封建领地转变成一个综合情报体系的尝试，或者情报改革的其他重要方面，都鲜少提及。本书也不会明确、广泛地关注我监督实施的一系列措施。这些措施旨在建立一个分析人员群体，彻底转变分析人员协作方式、获取信息方式、与情报界以外的人互动方式，或拓宽和深化其专业知识方式。本书同样不会涉及转型议程的其他许多方面。[1]

本书的首要目标，是让读者了解情报分析人员在其职业生涯的不同阶段所面临的约束、挑战和机遇。本书并没有呈现“典型的”职业轨迹，也没有列举成功的必要条件或公式，主要是因为，从来就没有什么“典型的”职业轨迹，而且描述过去的模式肯定会对未来产生误导。实际上，本书的中心主题是，我们正在做且必须做许多不同于以往的事情，因此，如果认为适合不同时代和不同环境的职业选择和发展轨迹，为在截然不同的条件下取得成功提供了有益的指导，那将适得其反。总的来说，旧的模式已不能满足需求。分析人员必须促进与我们职业相关所有事物的转型。[2]转型必须通过自上而下的演变和自下而上的革命相结合来实现。本书旨在激发各机构不同级别分析人员的创造性思维和创新。它还旨在增进公众对

---

[1] 原注：例如，参见 Office of the Director of National Intelligence, Analytic Transformation: Unleashing the Potential of a Community of Analysts, September 2008, at http://odni.gov/content/AT_Digital%2020080923.pdf。我计划专门再写一本书，描述和解释转型过程中每一个要素，为什么我们当时对每个部门采取了那样的方法，以及我们在这个过程中学到了什么。

[2] 原注：关于情报专业，参见 Rebecca Fisher and Rob Johnston, “Is Intelligence Analysis a Discipline?” in George and Bruce (2008), 55–69。

美国情报分析人员工作的了解，并从情报界以外征求更多相关、建设性的改进建议。

本书没有提供一个典型的职业轨迹，但它还是提供了一系列轶事和案例，来说明我在担任情报分析人员和分析人员高级管理者近 40 年里所经历的种种挑战和机遇。我的职业生涯并不典型。我所经历的问题、压力和机遇也不是独一无二的，我从我的用户和同事那里学到的经验教训，具有广泛的适用性，尤其在我的业务范围扩大到包括“所有国家和所有事务”之后。其中最重要的一课是，除了依靠同事和下属的工作和判断，我别无选择。在情报研究局台前的 11 年，以及作为国家情报委员会主席的 4 年间，我根本没有时间，也没有必要的专业知识来审查情报。这些情报仅使用了我批准的约 14000 份分析报告中的一小部分。我可以审查情报技术，但不能像检查家庭作业那样事无巨细。我必须信赖完成这项工作的人。事实证明，有些人比其他人更值得信任。而我领导分析转型的目标之一，就是确保所有机构的所有分析人员都能得到充分的培训和监管，以使用户和同事相信，所有分析人员都运用了高超的分析技术。

接下来的每一章，都会专注于情报分析工作的不同维度。第 2 章探讨了电影和其他小说夸大和歪曲情报界能力的一些方式，既是为了澄清事实，而更重要的是为了说明，公众对我们在全球任何地方追踪个人的期待，一直被媒体对超能力的描述所扭曲。我们“未能”找到奥萨马·本·拉登（Osama bin Laden）或了解伊朗的意图，是无法解释的，也是不可原谅的。好莱坞把我们描述得有多优秀，我们在公众眼里就有多失败。同理，我们所做的事和如何做的虚构版本，使普通人很难理解我们面临的巨大挑战。原因有很多，包括情报用户范围和数量的增加、归入“国家安全关切”（national security concerns）标题下问题的范围、理解复杂问题所需专业知识的数量和种类，以及使情报判断具有“可操作性”所需的精确度。第 2 章大部分内容都侧重于需求的升级，以及在更短的时间内处理大量信息的挑战。

第 3 章聚焦分析人员将数据转换为见解的责任，以及为决策者提供有价值内容所需的能力。情报分析不仅是在大多数线索缺失的情况下，回答问题和解决谜题。它所涉及的工作，也不仅仅是把情报点连起来。不同于学术研究者，他们通常根据自己感兴趣的问题来选择研究什么，他们只有松散的或根本不存在的截止日期，并以为知识生成知识为荣，而情报分析人员有义务（也有机会）加深对影响美国国家利益和公民安全问题的理解。大多数情况下，他们的研究议程是由用户需求和决策时间线驱动。用户的需求，包括正式的请求，以及那些由分析人员直觉得出的需求。这些分析人员充分理解问题和政策关注点，能够识别用户何时“需要”尚未提出请求的信息或见解。分析人员很少有时间对问题进行彻底的研究或将其“完全正确地解决”，但他们一直有义务及时提供与问题相关的有价值的信息。如果分析人员无法及时为辩论和决策提供其分析成果，他提供的信息就是无价值的。这一章将主要论述如何让情报分析变得有价值。

第 4 章讨论了动态情报（current intelligence）和战略分析之间旷日持久的紧张关系，论述重点是如何使用分析来预测和塑造未来。本章还探讨了情报分析人员为什么更关注威胁而不是机遇，为什么更多地预警可能出现的坏事，甚至忽略了提供可能帮助用户推动积极进展的信息。国家情报委员会 2008 年的研究报告《2025 年全球趋势：转型的世界》（*Global Trends 2025: A Transformed World*）；2008 年有关全球气候变化地缘政治影响的《国家情报评定》（*National Intelligence Assessment*，NIA）；2007 年关于“伊朗核意图及核能力”的《国家情报评估》，上述例子均例证了战略预警分析。前两个案例研究的重点，是产生评估的过程及其所处的政治环境。本章还会介绍识别趋势、趋势的驱动力、趋势的走向，及其对美国利益意味着什么的重要性。在第 5 章中，我还会更详细地讨论这些因素。

第 5 章的重点是评估分析，尤其是《国家情报评估》——它们是什么？称它们代表着“情报界最权威的判断”意味着什么？它们为什么重要？它们有多重要？它们为什么具有如此高的政治目的和象征意义？本章还将讨论其他类型的评估分析，以强调很容易被忽略的一点，即评估是在缺乏准确计算或所需数据的情况下所做的工作。情报分析总是涉及重要问题的研究，这些问题要么是内在的，要么是因为美国决策者将其定义为重要的，而这些问题的关键数据是缺失的。数据缺失越多，决策者就越依赖情报分析人员的评估。这意味着，根据定义就很明了，在大多数情况下情报分析人员必须使用假设、类比或替代假设等弥合信息空白。这也意味着，在许多时候，他们会犯错误，不能准确地指出到底发生了什么。准确性固然重要，但是提供有用的建议，帮助决策者处理不确定性则更有价值。很少有评估报告会实现理论突破，或得出令人惊讶的结论，但这并不一定会降低它们在编制时所发挥的效用。目前，数百份解密的评估报告已经发布，其中大部分都是正确的。

倒数第二章题为“两份评估的故事”，将重点从一般的评估情报，缩小到关于伊拉克大规模杀伤性武器（weapons of mass destruction, WMD）有缺陷的 2002 年《国家情报评估》，以及关于“伊朗核意图及核能力”有争议的 2007 年《国家情报评估》。其主要目的，是介绍关于伊拉克大规模杀伤性武器评估中的事实错误和过程错误，我从那次经历中学到的教训，以及如何将这些教训转化为形成伊朗核情报评估的程序指导。本章还探讨了伊拉克大规模杀伤性武器评估中的错误如何影响了情报改革立法。该立法设立了国家情报总监办公室（Office of the Director of National Intelligence），并授权采取具体措施改进情报分析技术。这也是本书中最具政治色彩的一章。它描述了我与国会议员的互动，他们对关于伊朗核问题的《国家情报评估》空前关注，以及我对有关伊朗《国家情报评估》审查方式的期待，以确定美国情报界从对伊拉克大规模杀伤性武器评估的批评中吸取了期望的教训。

补充背景

本书没有详细研究分析转型的目标、逻辑或具体措施，但它们塑造和影响了本书所讨论的主题和事态发展，因此，还是对其进行了简要概述。这样做，将有助于把以下内容带入更广泛的背景之下。我不在书中增加有关分析转型的章节，是因为我认为这样做，可能会丧失本书的内在逻辑和重点，或者弄成一个两本不同书的合体。尽管如此，我相信下面的概述为我实施分析转型的内容、原因和方法提供了有用的描述，并使人们更容易理解，为什么我将重点放在后续各章所讨论的主题上。

《2004 年情报改革和恐怖主义预防法》授权并推动了自 1947 年美国情报界成立以来最广泛的改革。[1] 通常情况下，国会议员和许多其他人似乎都认为，通过立法已经纠正了“9・11”委员会、参议院情报特别委员会（Senate Select Committee on Intelligence）和大规模杀伤性武器委员会（WMD Commission）认定的许多缺陷之处。[2] 乔治・沃克・布什（Geoge W. Bush，即小布什）总统随后授权了诸多未在立法中得到解决的建议措施。[3] 这些政策文件共同规定了数十项改进分析的措施。我明白，我必须解决所有这些问题，而且许多问题之间还存在着千丝万缕的联系。但我也知道它们并不是同等重要的，特别是在政治重要性上。我更知道，如果我

[1] 原注：Intelligence Reform Act.

[2] 原注：参见 9/11 Commission Report; U.S. Senate, Report of the Select Committee on Intelligence on the U.S. Intelligence Community's Prewar Intelligence Assessments on Iraq together with Additional Views, 108th Congress, 2d Session, S. Report 108-301, July 9, 2004, at www.intelligence.senate.gov/108301pdf；及 Commission on the Intelligence Capabilities of the United States Regarding Weapons of Mass Destruction, *Report to the President of the United States* (Washington, DC: U.S. Government Printing Office, 2005)。

[3] 原注：参见 “Bush Administration Implements WMD Commission Recommendations,” White House News Release, June 29, 2005, at www.whitehouse.gov/news/releases/2005/06/print/20050629-2.html。

要同时解决所有这些问题，那么我是不可能在所有问题上获得支持或合作的。为了使这项任务更易于管理，我采用了以下各段所总结的方法。

我不愿花很多时间试图为分析转型制订一个全面的计划，而是决定以迭代的方式开发计划。所有工作的起点，就是我认为必须处理的任务，以及我在整个情报界高层分析管理者中能得到巨大支持的任务。我们决定制订这个计划，是因为我意识到我不太可能一出手就把事情做好。因此，在解决迫切需要关注的问题之前，试图设计一个完美的计划是没有意义的。我还意识到，如果我提出一个特别具体的计划，那么我最终将投入大量时间和精力围绕这一计划进行辩论和答辩，而不是去发现哪些方法可行，哪些不可行，以及需要进行哪些改进，以确保整个过程朝着正确的方向推进。简而言之，我的宏伟计划可以被形容为从小处着手、以低成本失败、在出现问题时及时解决问题，让情报界管理人员在整个过程中积极参与，以此获得其支持。这样一来，它就成为“我们的措施”，而不是“我的措施”。

我很早就认定，我的首要工作，是必须恢复人们对分析工作质量，以及对分析提供者的信心。这是一项非常重大的挑战，因为关于情报界无能的批评是如此广泛和强烈，以至于许多没有接触或体验伊拉克大规模杀伤性武器评估的用户怀疑他们收到的分析是否更好，许多分析人员失去了对自己同事和机构的信心，甚至失去了对整个美国情报界的信心。除非我们快速解决这个问题，否则情报界（本例中主要指分析人员）将失去其决策者用户的信心，并丧失与其继续合作的机会。此外，随着“婴儿潮”一代高级分析人员即将退休以及大量新分析人员的涌入，如果老一代决定早些离开，而新雇用的分析人员认为他们不想在一个无能的单位工作，那么我们可能面临一场人员配置危机。这一挑战的第三个层面，是建立对美国情报界其他单位同事所做工作质量的信心，这样我们就可以进行合理的分工安排，通过跨机构的合作提高我们的分析能力，并减少重复的工作量，以便分配更多的人处理新问题。

我采取的一种恢复信心的途径，是关注两个旗舰分析产品的早期显著改进，即《总统每日简报》（*President's Daily Brief*, PDB）和《国家情报评估》。国家情报总监约翰·内格罗蓬特（John Negroponte）已经将责任委托给我，因此我可授权进行改革，而不必经过做出情报界指令和类似政策指导所需的烦琐程序。[1] 因为正是存在缺陷的伊拉克大规模杀伤性武器评估引发了改进情报分析的运动，我明白，至少在一段时间内，评估将受到特别密切的关注。我还知道，如果在这方面没有表现出进步，我们就会被认为在其他方面也没什么希望了。相反，如果证明国家情报委员会的产品有所改进，人们就会假定，我们在其他地方也能取得类似的进展。在《总统每日简报》方面，情况也很类似。很少有高级官员能看到《总统每日简报》，但有权限看到的，都是美国政府中最重要的官员，而至少其中一些人对情报界失去了信心。如果我们没能迅速恢复他们对我们的信心，情报界就会成为一个代价昂贵的累赘。

使用《总统每日简报》和国家情报委员会产品作为体现进步的主要工具，也推动了我提高美国情报界整体分析能力的计划。而我的方法，就是提高情报界各分析部门的绩效，并在一定程度上提高各机构分析人员的绩效。自然而然的后续步骤，是让整个情报界采用通用的情报分析技术标准，以及对分析人员进行培训，使其工作符合这些标准。“9·11 事件”之后吸收的大量新分析人员，为我们确保所有人都接受新标准的培训创造了必要性和机会。这也为联合培训创造了机会，即对整个美国情报界的分析人员进行同班培训，以减少组织文化偏见，并建立分析人员对彼此的信

---

[1] 原注：正式授权载于 *Intelligence Community Directive 200: Management, Integration, and Oversight of Intelligence Community Analysis*, January 8, 2007, at www.dni.gov/electronic_reading_room/ICD_200.pdf，但内格罗蓬特于 2005 年利用前任中央情报总监（Director of Central Intelligence, DCI）的指令进行了授权。

心，因为大家知道其他机构的同行也接受过相同的培训。[1]

我想在此指出该战略的最后一个要素，是制定跨机构协作的全新规范和机制。在这一点上，比较鲜明的例子是情报研究局的“朝鲜团队”。它由分布在国务院 3 个楼层 5 个办公室的分析人员组成，他们主要通过电子邮件进行互动。换言之，他们是一个虚拟团队，其成员属于不同的空间和机构。由于电子可以像在同一建筑物楼层之间那样轻易地在建筑物和城市之间移动，因此我们有了虚拟协作的范例。为了强化虚拟团队，促进远程协作，我们不得不改变安全限制，使其不再阻碍情报机构之间的信息共享，并且引入比电子邮件更强大的技术。现在，《总统每日简报》草案必须通过各机构之间协调完成，而不仅限于中央情报局（CIA）。我将其作为强制性的功能。如果系统具有足够的安全性来传输《总统每日简报》，那么它对于其他产品也具有足够的安全性。之后，我们推出情报百科（Intellipedia），即维基百科的加密版，以及后来的 A 空间（A-Space）。分析人员非常迅速地采用了新的协作工具，部分原因可能是由于习惯远程协作的年轻分析人员所占比例很大。

分析转型还有许多其他方面可讲，但我最后想说的是，我们幸运地融合了机遇、必要性、迫切性和工作热情，使我们获得了动力，有了冲劲。我们还有很长的路要走，许多最困难的问题还没有得到解决。但是，广大分析人员仍然有热情，他们有着热切的决心，向那些制定国家安全决策的用户，提供尽可能最佳的分析支持。

[1] 原注：参见 Nancy Bernkopf Tucker, “The Cultural Revolution in Intelligence: Interim Report,” *The Washington Quarterly*, Spring 2008, 47–61。

第 2 章
传闻、恐惧和预期

在一次公开演讲中，我问听众 :“有谁曾经搜集并分析过情报?”没有人举手。又问 :“有谁把这问题理解为‘你们谁是间谍’?”少数几位举手。接着问 :“换个思路，有谁先看温度计再决定穿什么衣服? 有谁先听实时路况再决定高峰期走哪条路? 有谁查阅报纸，了解正在上映的电影，或者何时动身赶赴剧院?”答案毋庸置疑，人人如此。我们做这些以及很多其他事情，是为我们的决定提供信息，做出更好的选择。简要来说，这也是情报工作的核心。世界上“第二古老的职业”以及我们每年数十亿美元的情报预算，正是为了减少不确定性，提供预警，为决策提供信息，特别是那些与国家安全和公众安全息息相关的决策。

范围与风险

我提出这个问题，是为了说明我们都会分析并利用情报。如果“情报”这个词让你不悦，我们可以把它替换为“信息”，但这并不会改变其目标和实现过程。职业橄榄球队、风险投资人、流行病专家以及很多其他人经常搜集、分析并应用情报，以便增加在所从事领域的成功率。这些事例与情报工作有诸多相似之处，但在范围、预期和影响上存在显著差异。最大的差异可能是潜在影响。情报专家的言论或书面报告，可能直接影响美国政府实行或终止某一行动。从我的角度来看，很多有关情报工作的论述，既未能指出情报与其他工作的相似性，也没有阐明差异所造成的影响。因此，情报界的独特性被夸大，而且讽刺的是，希望改进情报工作的提议常常似是而非，忽视或危及了情报工作真正的独特性。

无所不知与无能

电影、间谍小说和新闻媒体影响了大众对情报界能力的看法。你对情报工作的理解很可能是错误的。流行的夸张元素可以概括如下：情报界主要由特工和计算机怪才组成，他们时时刻刻无所不知，同时又很无能，因为尽管耗费巨额预算、完全无视公民自由，他们却无法将所掌握的信息“连点成线”。听起来熟悉吗？这么说吧，夸张描述可能相当准确，但夸张本身是错的。情报人员确实会做一些超乎想象的事情，但错误的描述和传闻经常把我们所遇到的困难和我们为减少不确定性而动用的能力混为一谈。

首先谈一谈我们是否、能否或应该知道，世界上时时刻刻发生或者将要发生的“每一件事”。在电影中，“间谍机构”会对北非、南亚的流动卡车或恐怖组织营地进行视频监控，这曾经纯属虚构，如今正在变为现实。[1] 实际上，视频监控已经成为保护伊拉克驻军的关键手段。[2] 但我

---

[1] 原注：参见 Nicholas Florenza, “NATO to Deploy Full-Motion Video,” *Aviation Week*, August 5, 2009, at www.aviationweek.aero/aw/generic/story_generic.jsp?channel=defense&id=news/DTI-VID.xml&headline=NATO%20to%20Deploy%20Full-Motion%20Video。

[2] 原注：参见 Raymond T. Odierno, Nichoel E. Brooks, and Francesco P. Mastracchio, “ISR [Intelligence, Surveillance, and Reconnaissance] Evolution in the Iraqi Theater,” *JFQ*, 50, third quarter 2008 at www.ndu.edu/inss/Press/jfq_pages/editions/i50/14.pdf;

们无法时时刻刻通过视频监控每一个角落。更重要的是，即便我们有此能力，也没有充足的影像分析专家使这些信息发挥作用。[1] 拥有照片，并不意味着知道其含义。用两张图片说明我的观点。

直到数年前我对情报技术和流程做出规定，分析报告中经常出现这样的陈述："根据图像，朝鲜在向叙利亚运送导弹。"[2] 这种陈述是误导性的定论。第一张图片可能显示，一个木箱放在某个指定港口的码头上。一张图片可能胜过千言万语，但码头上的集装箱并不能说明里面有什么，它从哪里来。对内容物、产地、目的地的判断，要基于澄清图片意义的信息。经验告诉我，图片很少能说明问题。[3]

第二张图片来自 2002 年声名狼藉的伊拉克大规模杀伤性武器《国家情报评估》。关于化学武器的结论，部分基于图像分析人员的判断，即某些特定交通工具集中出现是化学武器弹药转移的"标志"。图片清晰地反映出正在移动的罐体，但提及的特殊卡车只是一辆水罐车—— 一辆消防车，用于运载各种弹药。化学武器分析专家对此并不了解，而那些使用图像得出判断的人，对其内在逻辑和证据链一无所知。[4] 情报界负责人不得

及 "USAF Releases More Full Motion Video," July 20, 2009, at www.youtube.com/watch?v=wQzRACORUAc。

[1] 原注：参见 Michael Hoffman, "More ISR Intel Analysts Needed," *Air Force Times*, August 20, 2008, at www.airforcetimes.com/news/2008/08/airforce_intel_jobs_ 081808/。

[2] 原注：此举利用了我任情报分析主管时的职权，该职权由美国国家情报总监约翰 · 内格罗蓬特经由 *Intelligence Community Directive 200* 授予。

[3] 原注：关于"集装箱学"（crateology）的另一个事例，参见 John Diamond, "Trained Eye Can See Right through Box of Weapons," *USA Today*, August 17, 2006, at www.usatoday.com/news/world/2006-08-17-missiles-iran_x.htm。

[4] 原注：参见 U.S. Senate, Report of the Select Committee on Intelligence on the US Intelligence Community's Prewar Intelligence Assessments on Iraq together with Additional Views, 108th Congress, 2d Session, S. Report 108-301, July 9, 2004, 200–201, at http://intelligence.senate.gov/108301.pdf; 以及 U.S. Senate, Report of the Select Committee on Intelligence on Postwar Findings about Iraq's WMD Programs and Links to Terrorism and How They Compare with Prewar Assessments Together with Additional Views,

不花费大量精力，来纠正这一谬误。

以上图片所蕴含的警示意义是不言而喻的，但关于连点成线的评述、关于情报工作的异想天开，使得我们必须强调分析人员的重要性，以及他们在情报工作中发挥的作用，这些工作包括评估、评价、解读、解释由间谍、卫星、外交人员、新闻记者、专家学者以及其他信息搜集者提供的各种数据。我本可以用"信息"代替"情报"这个词，因为与经由窃取或间谍活动获取的信息相比，未经归类的信息——华盛顿行话称之为"开源情报"，常常具有相同或更显著的重要性。特别是这些信息来自优秀的新闻媒体、严谨的学术研究机构，以及执法人员、非政府组织、国际组织工作人员对重大灾难提交的第一手报道。他们不是间谍，他们所做的报道也不是间谍活动，但对于情报分析人员来说，若想了解复杂事件或快速变化中的重大事件，必须重视这些报道。

获知一座桥在地震中损毁，原定的疏散路线或援助路线无法使用，这一信息对第一响应者来说，就是有价值的"情报"，无论它来自商用卫星，还是传教士的一通电话。[1] 同样，来自商用卫星或路人用 iPhone 转发到电视网的图像，与通过昂贵的（有时是危险的）秘密搜集工作所获取的图像相比，作用是一样的。此外，无论出自何处，图像及其他种类的信息必须经由分析人员解读。例如，一段发送给有线新闻频道的警察殴打示威者（或示威者殴打警察）的手机视频，必须经过评估，以确定殴打是否出于宣传目的。这是分析人员的工作。有些人在情报界工作，但大多数人不是。

109th Congress, 2nd Session, September 8, 2006, 40–41, at http://intelligence.senate.gov/phaseiiaccuracy.pdf。

[1] 原注：关于情报界使用商业图像重要性的简要论述，参见 Matt O'Connell, "A Leap Forward in Intelligence Gathering," *Defense Systems*, January 20, 2010, at www.defensesystems.com/Articles/2010/01/27/Industry-Perspective-GeoEye.aspx；以及 Eric Rosenbach and Aki J. Peritz, "Overhead Surveillance," Belfer Center for Science and International Affairs, July 2009, at http://belfercenter.ksg.harvard.edu/publication/19159/overhead_surveillance.html。

在从图像转向通信拦截这一广为人知且饱受误解的信息搜集手段之前，我想强调三点。第一，我们的技术能力远不如想象或推测，但的确令人印象深刻，并将向更加惊人的方向迅猛发展。第二，搜集信息往往是最容易的部分，而解读所搜集的信息则极为困难，必须由经过训练的专人完成。我们所拥有的图像以及其他种类的情报，比我们所分析的信息多得多，而且我们所搜集的信息远超我们的最高处理量。这一点至关重要，因为在分析人员处理之前，信息不过是些数据。第三，我们利用图像以及其他技术手段所做的越多，我们被要求或预期能做的就越多，这再次证明做好事是要付出代价的。

在信号情报（signals intelligence）方面也有类似情况。我们耳目众多，可以获取大量数字数据。其中很多信息是公开的，比如广播、电视和网站，我们会尽可能多地利用公共信息。最好的选项理应是使用成本最低且无风险的信息。在很多问题上，没有必要在公共信息的宝库之外进行搜索。窃取或购买我们能够免费获取的信息，无疑是愚蠢的。在其他问题上，用秘密获得的信息确证公开来源的信息，对于提高对信息准确性和有效性的信心十分重要。[1]

然而，在少数问题上，例如恐怖主义计划、非法转让生物制剂或黑市军火销售，所需大部分情报只能通过秘密搜集来获取。与图像一样，对于我们搜集了多少信息以及我们如何处理这些信息，存在非常夸张的说法。夸大其词并不局限于电影或媒体；多年来，欧洲议会发布了一系列研究结果和警示

[1] 原注：确证一直是一项具有挑战性的、十分棘手的活动，尤其是因为误导或欺骗外国情报界的努力，往往涉及以某种方式植入信息，以确保公开搜集者（例如记者和外交官）和秘密搜集者（例如间谍）都能搜集到这些信息。从此方、彼方乃至双方同时获取某一信息，并不意味着绝对准确。参见 James B. Bruce and Michael Bennett, "Foreign Denial and Deception: Analytical Imperatives," in Roger Z. George and James B. Bruce, eds., *Analyzing Intelligence: Origins, Obstacles, and Innovations* (Washington, DC: Georgetown University Press, 2008), 122–137。

报告，以应对美国政府针对电话、传真的信息搜集活动，这被称为“梯队系统”（Echelon）。根据这些“研究”，美国和合作伙伴监听了所有电话。[1] 我们没有这样做。即便可以，我们也不想。因为处理这些数据需要数以千万计的分析人员，而分析结果将大多是垃圾。你能想象一整天去监听青少年的手机通话吗？我们想知道恐怖分子在南亚完成训练后，前往欧洲或北美的最终目的地，而不是一个 15 岁孩子对其 15 岁男朋友的看法。

关于语音及其他形式通信的搜集和利用，有三个额外问题需要强调。第一个是数量。即便有可能搜集一切，这么做也毫无意义，因为我们将淹没在数据中，其中绝大多数数据与任何可以想象的国家安全目标完全无关。搜集“我们能搜集的一切”，期望所谓的“流网”会捕获一些有价值的东西，这种日子一去不复返了。为了让你明白为什么这是不切实际的，想象一下你在潜在的信息存储器中找到有价值东西的难度，而且信息每隔数小时的增长量，相当于一个大型学术图书馆的藏书量。实际的规模给“淹没在数据中”这一说法赋予了新含义。唯一明智的做法是从重点问题开始，然后设计回答这个问题的搜集策略，这些策略有望为具体的政策问题提供最大的洞察力，如外交策略、军事意图，或新型反坦克炮的威力。

第二个问题涉及公民自由和隐私权。这一问题在 2006—2007 年获得高度重视，并引发了激烈辩论。辩论的主要焦点是所谓的未经授权的窃听项目。[2] 其深层话题十分严肃，但在党派政治舞台上被严重扭曲了。该

---

[1] 原注：参见欧洲议会 Report on the Existence of a Global System for the Interception of Private and Commercial Communications (ECHELON Interception System) (2001/2098(INI)), July 11, 2001, at www.europarl.europa.eu/sides/getDoc.do?pubRef=-//EP//NONSGML+REPORT+A5-2001-0264+0+DOC+PDF+V0//EN&language=EN。

[2] 原注：关于“未经授权的窃听项目”在公众及国会中引发的辩论，肇始于 James Risen and Eric Lichtblau 2005 年 12 月 6 日在《纽约时报》发表的文章“Bush Lets U.S. Spy on Callers without Courts”, www.nytimes.com/2005/12/16/politics/16program.html。该问题还可参见 J. Michael McConnell, Statement, Senate Committee on the Judiciary, Hearing on the Foreign Intelligence Surveillance Act and Implementation of the Protect。

话题值得进一步讨论，但我想说的是，尊重身为美国人的权利，既是情报人员的个人关切（我们也是美国人），也是严格的法律和程序监管的对象。[1] 给一位资深外国情报专家看一份带有美国公民或公司名字的报告，他（她）可能会做出触电般的反应；你可能会因为监控美国人锒铛入狱。但在“9·11 事件”之后，处理美国公民信息这种明确而存在久远的程序发生了变化，目的是打破执法部门与外国情报之间的壁垒。这些壁垒阻碍了对“9·11”阴谋的侦查。[2] 如果说，国内执法材料上充斥着美国人的信息，可能谁都不会感到惊讶。如果不能提供名字，你如何告诉警察该监视谁？如果不能提供名字，你如何核查国内罪犯和外国组织之间的联系？对于情报界来说，这是真正的困局，或者更准确地说，是一系列困局。试举一例：是在保护美国公民自由方面犯错误，还是提醒官员注意可能发生的恐怖主义或其他对美国本土的威胁，哪个是更好的做法？对大多数专业人士来说，“默认设置”（default setting）是在公民自由方面犯错，但这样做会引发令人不安的“若则”（what if）问题。公民自由保护官员和正式委员会的存在，便是为了确保恐惧和狂热不会侵蚀国家安全体系所要保护的自由，他们做得很好。[3] 但这是一个艰巨的挑战。

---

[1] 原注：参见“Legal Standards for the Intelligence Community in Conducting Electronic Surveillance,” February 2000, at www.fas.org/irp/nsa/standards.html。

[2] 原注：参见 Elizabeth B. Bazan and Jennifer K. Elsea, Presidential Authority to Conduct Warrantless Electronic Surveillance to Gather Foreign Intelligence Information, Congressional Research Service, January 5, 2006, at www.fas.org/sgp/crs/intel/m010506.pdf，以及 J. Michael McConnell, Statement for the Record, House Permanent Select Committee on Intelligence, Hearing on the Protect America Act of 2007, September 20, 2007, at www.dni.gov/testimonies/20070920_testimony.pdf。关于情报与执法的界限，参见 the National Commission on Terrorist Attacks upon the United States, *The 9/11 Commission Report* (Washington, DC: U.S. Government Printing Office, 2004)。

[3] 原注：公民自由保护官员的职责，参见 U.S. Code, Title 50, Chapter 15, Subchapter 1, Section 403-3d。公民自由保护官员相关内容，参见 www.law.cornell.edu/uscode/uscode50/usc_sec_50_00000403----003d.html。

情报“失误”

我现在要换个话题，谈谈“情报失误”（intelligence failure）问题。我在华盛顿早期学到的一个教训是，在国家安全决策方面只有两种可能性，即“决策成功”和“情报失误”。想找到一份宣布情报准确但决策失误的公开声明，要花费大量时间。

决策者有时会做出“错误的”决定，但他们总是声称，错误决定是因为该死的情报界没有及时预测、发现、解读或者解释某一特定情况，他们经常这样做。这显然是自私的，但从某种程度上来说，该推论是正确的。如果情报界没有提供足够的预警，或错过关键的事态发展，或曲解了现有信息，或者使用错误假设及不恰当类比弥补信息空白，就无法为情报界的创立提供高质量的支持，也对不起纳税人的钱。情报误导了决策者，这无疑是许多人对 2002 年公布的伊拉克大规模杀伤性武器《国家情报评估》与推翻萨达姆·侯赛因（Saddam Hussein）政权之间关系的印象，也是许多人希望你拥有的印象。我的观点与之相左，但我提及这一情报评估，是为了说明公众对情报判断与国家安全决策之间关系更广泛的看法。关于伊拉克大规模杀伤性武器评估的不足及教训，我将在第 6 章中论述。

情报与决策

有鉴于此，我想指出的第一点是，情报通常为决策制定提供信息，有时还会推动决策过程，但它不会也不应当决定决策内容。这一点值得反复强调：情报通常为决策制定提供信息，有时还会推动决策过程，但它不会也不应当决定决策内容。我所说的提供信息，是指情报只是流向国家安全决策者的众多信息流之一。其他还包括来自内阁成员、国家安全委员会工作人员、媒体、游说者、老朋友、外国官员、有实权的国会议员等各种正式或非正式信息流。[1] 在多数情况下，非情报信息是为某个特定决策或行动论证，比如在 2008 年 8 月格鲁吉亚与俄罗斯发生军事冲突后向格鲁吉亚提供军事援助，或者发起一场旨在诋毁委内瑞拉总统乌戈·查韦斯（Hugo Chavez）的外交攻势。在其他时候，则是对总统和（或）其他高级官员施加压力，要求他们停止商议，“做些什么”来制止达尔富尔的杀戮行为或缅甸政府对人权的践踏。

情报工作不应该提出采取具体行动的倡议，根据我的经验，很少这样做。情报的主要目的是提供信息和见解，以加强对核心问题、该问题与其他事件的联系，以及替代行动方案可能产生后果的了解。换句话说，为决策过程提供情报的主要目的是减少不确定性，辨别风险和机遇，以加深对问题的理解，使那些负有决策责任的人做出“更好”的决定。得到更好的信息并不意味着做出更好的决策，但信息不充分或信息错误肯定会降低决策成功的可能性。

有时候，情报工作在提供信息的同时，也会起到推动决策的作用。一旦搜集人员发现或分析人员评定某些根本无法忽视的新情况，就会出现这种情况。例如，我记得在 1988 年某个周末加班工作，因为我们在星期五做出判定：沙特阿拉伯已获得中国的东风 3 型导弹（北约代号：CSS-2）。应急分析的目的之一，是向国务卿舒尔茨提供信息，他定于接下来的星期一会晤中国外交部部长。会议于数周前商定，以讨论其他议题，但新的情报判断把导弹问题提上了议程。美国情报界希望争取更多时间了解事情的来龙去脉，但在这种情况下，没有哪位政府官员愿意向国会解释，为什么没有尽早提出这一问题。来自国会的潜在或实际压力，只是情报有时推动政策制定、迫使官员做出决定或采取行动的原因之一。另一个更令人愤怒的压力来源，则是情报信息的泄露。所泄露的情报通常会夸大已知信息，

---

[1] 原注：参见 Roger Z. George and Harvey Rishikof, Editors, *The National Security Enterprise: Navigating the Labyrinth* (Washington, DC: The Georgetown University Press, 2011)。

淡化或忽视对信息含义的不同解释，并且估算出某种程度的可靠性，而这可能是完全没有根据的。

情报工作的价值，在此我指的主要是对从公开和秘密来源获得的信息的可靠性、意义和影响的分析判断，既体现在分析技术本身，也体现在政府官员对其准确性、客观性的信任程度上。两个方面都很重要，因为政府官员对情报界缺乏信心，即使高质量的评估也不会产生什么影响。我把伊拉克的评估作为这次讨论的起点，因为占领后的搜索没有找到任何大规模杀伤性武器，政府官员、国会议员以及国家安全机构的专业人士对所有分析人员所做工作的质量失去了信心，而不仅是伊拉克大规模杀伤性武器。2005 年，我被任命为分析事务国家情报副总监，我的第一项工作就是恢复对我们工作和人员的信心。我做到了。这不仅是我的个人判断，也是总统、国会监督委员会（congressional oversight committee）、总统情报咨询委员会（President’s Intelligence Advisory Board，PIAB）以及制定政策的高级别官员直接告诉我的。

限制和实现预期

美国情报界是一个能干的组织，但它不是无所不能的。在过去 20 年中，有 4 种现象或发展趋势相互作用，严重影响了情报界为满足不断升级和扩大的信息和见解需求，提供所需的支持水平和类型的能力。第一种发展趋势是**能干态度**本身。对决策者和军事指挥官的支持由来已久，是情报界精神及其成员专业精神的组成部分。个人和情报界 16 个组成机构的每一个都发挥着不同的作用，为不同任务提供支持，运用不同类型的专业知识，但都勤勉地致力于国家的安全和同胞的安全。除其他后果外，这使他们所有人都倾向于接受并试图回答任何问题或请求。即使某主题需要情报界不具备的信息和专业知识，它也不愿意以该主题不是情报界的优先事项，或超出传统的国家安全关切为由加以拒绝。这种态度在许多方面值得称赞，但它也是危险且难以为继的。

第二种发展趋势是由情报界承担或被指派的**需求和要求升级**造成的。如前所述，冷战后，国家安全所涵盖问题的范围发生了巨大变化。在冷战时期，情况要简单得多，也危险得多，我们所要担心的“一切”，是苏联及其盟友对我们国家和生活方式所构成的生存威胁。目标很大，行动迟缓，易于预测。在那几十年中，我们变得越来越善于观察苏联。我们花了数年时间，用于完善渗透既定目标的能力，学习必要技术，并打造了一支拥有语言技能、技术手段、政治手腕和其他领域专业知识的队伍，以应对单一且最重要的威胁。其他所有任务都被放在次要或者更低的位置上。联邦政府对此了然于心，对情报界的要求和期望也相应地进行了调整。

世易时移。在过去20年中，需求和期望呈指数级增长。借用前中央情报总监吉姆·伍尔西（Jim Woolsey）的话，我们曾经把大部分精力集中在一条巨龙——苏联身上；现在我们必须对付成千上万条大小不一、毒性各异的蛇，其中许多可能根本谈不上危险。[1] 我们期望“了解”的东西越来越多，其原因多种多样，但主要是因为我们（三届总统政府、国会和美国人民）重新定义了国家安全的范围和含义。如果你浏览一下每年提交给国会、作为预算论证过程组成部分的《年度威胁评估》（有时被称为《全球威胁评估》）的非机密版本，这种演变就一目了然了。[2]

---

[1] 原注：吉姆·伍尔西多次使用这一比喻。例如，参见道格拉斯·杰尔所报道的中央情报总监提名听证会上的发言，“C.I.A. Nominee Wary of Budget Cuts”, *New York Times*, February 3, 1993, at www.nytimes.com/1993/02/03/us/cia-nominee-wary-of-budget-cuts.html?pagewanted=1。

[2] 原注：例如，中央情报总监约翰·多伊奇1996年2月22日向参议院情报特别委员会提交的 *Worldwide Threat Assessment Brief*，参见 www.cia.gov/news-information/speeches-testimony/1996/dci_speech_022296.html；2000年3月21日，中央情报总监乔治·特尼特的声明：*Worldwide Threat in 2000: Global Realities of Our National Security*，参见 www.cia.

20年前，这些评估报告仅聚焦在国家生存的战略威胁层面，包括核毁灭、常规战争以及各种武器的发展和扩散。然而今非昔比。在我2001年1月所做的证词，以及中央情报总监乔治·特尼特（George Tenet）同时发布的证词中，均宣布恐怖主义是国家面临的最大威胁。[1]与之不同的是，国家情报总监丹尼斯·布莱尔（Dennis Blair）在2009年发表的一份正式声明中，提出情报界所有部门均认为全球金融危机是近期主要的安全关切。苏联已不复存在，核战争已不再是令人关切的问题，昔日对手已成为北约盟友，中国则被视为经济伙伴和竞争对手。今日所面临的威胁，包括全球变暖、传染病蔓延、石油和天然气的价格波动和供应问题，以及许多曾被认为超出国家安全考虑范围的问题。[2]

情报需求和关切范围的急剧扩大，不能简单归因于情报界在苏联解体后急于找寻可做之事。这也许是部分原因，情报界规模在20世纪90年代缩减了大约25%，但作为一名高级官员，我认为行政部门和（或）国会提出的新关切和新目标是更深层次的原因。决策者希望加深对所面临的挑战和机遇的理解，而这些挑战和机遇并没有出现在其前任视野中，他们便会转向情报界。我怀疑他们这么做，只是因为我们在那里。此外，我们所提供的服务是“免费的”，可供官员使用，无须占用其预算额度。正因为我

---

gov/news-information/speeches-testimony/2000/dci_speech_032100.html；以及2010年2月2日国家情报总监丹尼斯·布莱尔，为参议院情报特别委员会撰写的*Annual Threat Assessment*，参见www.dni.gov//20100202_mony.pdf。

[1] 原注：2001年2月7日，中央情报总监乔治·特尼特在参议院情报特别委员会就*Worldwide Threat 2001: National Security in a Changing World*所做的声明，参见www.cia.gov/news-information/speeches-testimony/2001/UNCLASWWT_02072001.html；2001年2月7日，美国国务院情报研究事务代理助理国务卿冯稼时在参议院情报特别委员会听证会上，就当前和未来美国面临的国家安全威胁所做的声明，参见www.fas.org/irp/congress/2001_hr/s010207f.html。

[2] 原注：国家情报总监丹尼斯·布莱尔在2009年2月12日为参议院情报特别委员会所做的美国情报界《年度威胁评估》，参见www.dni.gov//20090212_mony.pdf。

们有很强的能干文化，正因为我们认同对“国家安全关切”的范围和内容的重新定义，正因为我们中有些人渴望新使命，我们接受了那些新要求，在更大范围内提供服务。

请允许我暂时中断递进式叙述，引述一则亲身经历，说明我们现在被问及的问题。1994 年，卢旺达（Rwanda）发生了骇人听闻的种族暴力事件，在两个月内造成约 80 万人死亡。来自动乱地区的约 20 万难民一度逃入扎伊尔（现刚果民主共和国）西部，在一个被称为“死亡谷”的地区陷入疲敝，国际社会准备在那里为难民提供食物和住所。该地区位于一座喷发有毒烟雾的活火山脚下，而且有迹象表明该火山将再次喷发。[1] 救援人员面临两难境地：如果他们试图加快重新安置的速度，疲惫、脱水的难民将大批死亡；如果将他们留在那里，则可能死于熔岩或有毒气体。于是问题被抛到我面前：“火山何时喷发？如果喷发了，熔岩会流向哪里？”这不是传统的情报问题，我也无法通过窃听大自然母亲的电话来找到答案。但我们的确找到了答案。美国地理学家比尔·伍德（Bill Wood）曾在我手下的情报研究局工作，他后来转去美国地质调查局工作。通过他的牵线搭桥，我们与尼拉贡戈火山（Nyiragongo volcano）的专家取得了联系。专家断定，下一次喷发时，熔岩将从远离营地的一侧流下。我们在几小时内得到的信息，对于救援人员做出不迁移营地和疲惫不堪难民的决定，起到了重要作用。这个例子既说明新情报问题的维度，也说明构建情报界内外专家网络的必要性。

第三种发展趋势影响着人们对情报界能力或潜力的预期，我将其归结为关注点转变——**从国家安全转向公民个人安全**。“9·11”恐怖袭击突显并加剧了这种转变，我们可以确信地指出，这种转变越来越深入。但我在这里想指出的是，评估政府工作和情报界表现的标准，已经从侦

[1] 原注：参见 Lucian Niemeyer, *Africa: The Holocausts of Rwanda and Sudan* (Albuquerque: University of New Mexico Press, 2006)。

测、威慑和挫败对国家生存及生活方式的任何威胁，提升到随时随地都可以侦测和预防每个美国公民受到的伤害。以这种方式陈述变化，当然是在夸大已发生的事情，但并不过分。情报界对其他国家及外国领导人的意图和能力保持高度关注，这是我们的传统。今天我们仍在这样做，但必须同时识别、渗透、监控那些规模极小的潜在恐怖组织，无论其袭击目标是美国一所学校、一座购物中心、美国大使馆，还是在世界另一端为国际非政府组织工作的美国公民。2009 年 12 月 25 日，奥马尔·法鲁克·阿卜杜穆塔拉布（Umar Farouk Abdulmutallab）试图在飞往底特律的航班上引爆他的“内裤炸弹”（underpants bomb）失败后，对情报界的批评印证了这种转变。[1]

《2004 年情报改革与恐怖主义预防法》重新定义了国家安全，将美国个人和美国设施的安全纳入其中。该法案重新定义了“国家情报”和“与国家安全有关的情报”，包括所有涉及威胁“美国、其人民、其财产或其利益”的情报，无论这些情报是在美国境内，还是境外获取。除去真实存在的公民自由方面的考量，将标准从“对国家生存的威胁”提高到“对所有美国人安全的威胁”，无疑对情报界提出了更高要求。

促使人们对情报界的期望不断升级的最后一种发展趋势，被我称为“时间压缩”（time compression）。在冷战时期，我们有几周、几个月、几年时间发现并跟踪潜在威胁。例如，苏联拟建造一艘新的导弹潜艇，我们能够获悉其意图，观察龙骨的铺设进度，并监控潜艇的建造过程、出发海试、导弹测试以及最终的作战部署。在那段时间，我的孩子们从幼儿园读到了高中。令人高兴的是，我不仅有充裕时间研究这些关键进

[1] 原注：参见“Summary of the White House Review of the December 25 Attempted Terrorist Attack,” at www.whitehouse.gov/sites/default/files/summary_of_wh_review_12-25-09.pdf，及 Eric Lipton, Eric Schmitt, and Mark Mazzetti, “Review of Jet Bomb Plot Shows More Missed Clues,” *New York Times*, January 17, 2010, at www.nytimes.com/2010/01/18/us/18intel.html?hp。

展，而且除去研究对策和搭建更好的监测系统外，无须采取任何实际行动。我们对所研究问题了解越多，就越有大量时间和机会修正方向。当然，这一切今非昔比。

现在，我们所做工作中很大一部分必须符合很短的决策时间线，而且比例还在增加。当然，其原因和表现有很多。其一是 24 小时新闻周期的要求。如果发生了什么事，或者据报道即将发生什么事，决策者似乎觉得有必要发表评论，表明事件进展尽在掌控。在此之前，他们总会向情报界提出"是这样吗"之类的问题。"我下周答复"可不是个令人满意的回答。这意味着我们需要储备大量的"灭火器"，即分析人员和搜集活动提供"全球覆盖"，并至少有监测简报，以便他们在需要时迅速上手，对突发事件做出明智响应。这也意味着我们需要发展和维护广泛的"外部专家"网络，他们要对特定问题知之甚详，愿意将所知所想与美国政府分享，并且能够适应华盛顿对反馈速度和其他方面所提出的要求，及时、有针对性地提供信息咨询，以应对那些迫在眉睫的任务。

对速度的要求与对专业知识的要求相辅相成。因此，情报界有一套规范且行之有效的程序，确定任务优先顺序。我们主要使用优先框架（prioritization framework）指导信息搜集，但它同时影响着预算制定，以及不同任务所能调用的分析人员数量及知识背景。尽管有优先框架作为指导，但如上所述，我们仍需对"一切"充分覆盖，以保证反应速度。我们还需要储备足够的专业知识，以便能在非常短的时间内对复杂现象做出解释、评估。危机的爆发并不是搜集基本数据、建立基线描述、选择外部专家或提出替代假设解释所观察到的现象，并填补信息空白的最佳时机。应对数以千计的不同问题，保持必要的专业知识是一项巨大挑战。人员流动又加剧了挑战："9 · 11 事件"后，超过 50% 的情报人员进入政府部门工作。所有这些，加上处理越来越多更难回答的问题，以及对速度的需求，由此产生的挑战和危险是显而易见且巨大的。但这还不是故事的全部。

除了有更少的时间处理比以往任何时候都复杂的问题外，我们还必须达到更高的准确性和精确度标准。用专业术语来说，我们需要提供更多的“行动情报”（actionable intelligence）。知道敌人正在建造一个新的军用设施，而建造将持续几个月或者几年，让我们有充足的时间了解更多的信息，这已经远远不够了。过去我们所做的很多事情都是在这种时间轴上完成的，因此更像一种智力窥探。现在，对武力保护、避免附带损害（collateral damage）、拦截毒贩等的需求更加精确，错误也暴露得更多。我再举几个例子。

第一个例子涉及一艘名为“银河”号的中国船只。1993 年，我们得到一份情报，搜集者认为情报极其可靠，即“银河”号正在向伊朗运送一种特殊的化学物质。这种化学物质被列在违禁物品清单（list of proscribed items）上，新组阁的克林顿政府希望阻止其运输。美国驻华大使要求中国政府调查此事，随后被告知，该船只并未装载违禁化学品。搜集者坚称情报准确无误，而沙特政府同意在船只中途停靠时对其进行搜查。美国情报界和国务院的中国专家认为这不是一个好主意。没错，我们搜查了那艘船，但没有发现任何东西。这也可能是一个长期讨论的话题，但我只想指出，我们仍在遭受这一误导性拦截行动的后果，因为每次我们有情报显示即将发生不测，请求协助时，对方几乎都会提及“银河号事件”。[1]

第二个例子涉及 1999 年美国轰炸中国驻贝尔格莱德大使馆事件。根据锁定目标的数据库，目标地点是一座军用仓库，离中国大使馆有一段距离。数据库已过期，但中国和世界上很多人一直相信，这次攻击是蓄意

[1] 原注：详细信息参见 Patrick E. Tyler, “No Chemical Arms Aboard China Ship,” *New York Times*, September 6, 1993, at www.nytimes.com/1993/09/06/world/no-chemical-arms-aboard-china-ship.html, “Statement by the Ministry of Foreign Affairs of the People’s Republic of China on the ‘Yin He’ Incident,” September 4, 1993, at www.nti.org/db/china/engdocs/ynhe0993.htm；及 Department of State Daily Press Briefing, September 7, 1993, at http://dosfan.lib.uic.edu/ERC/briefing/daily_briefings/1993/9309/930907db.html。

的。这一错误说明我们每天必须达到很高的准确性要求。[1] 关于阿富汗军事行动中附带损害的辩论，进一步说明了这一点。[2]

最后，我将以一个故事作为结尾，以例证本章中我试图提出的许多观点。20 世纪 80 年代中期，一个星期六早晨，身为国务院骨干人员的我发现一份情报，称菲律宾共产党计划炸毁马尼拉一所不知名的旅游酒店。据报道，炸弹将在一小时左右爆炸。试图联系一名菲律宾事务分析人员未果后，我把情报交给了值班的东亚事务高级官员。他提出如下选择：如果我敦促政府疏散酒店人员，而没有发生爆炸，我就会削弱旅游经济和新政府的公信力。如果我不这么做，炸弹爆炸了，就会死人，而我们没有做到防患于未然。他看着我问："这个报道是真的吗？你的指令将决定我该怎么做。"我吞了吞口水，回答说，这种行为不符合我对菲律宾共产党做事方式的理解，我认为这不是真的。他向我表示感谢，并向他的上级和美国大使馆示警，但没有通知菲律宾政府。然后我们紧张地等待最后期限的到来。谢天谢地，没有发生爆炸。

这种情况当时比较少见，而现在几乎每天都会发生。人们可能会争论，我即使犯错也应基于安全的考虑，采取"谨慎的"最坏情况法，但我只想指出，最坏情况几乎不会发生，而误报军情会产生真正的后果。

[1] 原注：参见 DCI Statement on the Belgrade Chinese Embassy Bombing, House Permanent Select Committee on Intelligence Open Hearing, July 22, 1999, at www.cia.gov/news-information/speeches-testimony/1999/dci_speech_072299.html；及 Ministry of Foreign Affairs of the People's Republic of China, "U.S.-Led NATO's Attack on the Chinese Embassy in the Federal Republic of Yugoslavia," November 15, 2000, at www.mfa.gov.cn/eng/wjb/zzjg/bmdyzs/gjlb/3432/3441/t17317.htm。

[2] 原注：参见 J. Alexander and Azita Ranjbar, "Killing Friends, Making Enemies: The Impact and Avoidance of Civilian Casualties in Afghanistan," United States Institute of Peace, July 2008, at www.usip.org/resources/killing-friends-making-enemies-impact-and-avoidance-civilian-casualties-afghanistan；及 U.N. News Center "Civilian Casualties in Afghanistan Keep Rising, Finds U.N. Report," July 31, 2009, at www.un.org/apps/news/story.asp?NewsID=31636&Cr=afghan&Cr1=civilian。

第3章
间谍搜集数据，分析人员提供见解

将情报分析人员比作情报界的罗德尼·丹杰菲尔德（Rodney Dangerfields）有些夸大其词，尤其是考虑到许多人从与他们经常交往的官员那里获得了尊重和信心。[3]然而，即使尊重“他们的”情报分析人员工作的官员，也常常在诋毁或否定情报分析贡献的言论中推波助澜。在这方面，也许只有在这方面，分析人员就像国会议员，他们作为一个群体被人唾弃，但他们自己的选民却往往很重视他们。[4]我怀疑，同样的现象也可以在其他职业的评价中找到（例如，汽修工、美容师或任何被普遍描述为可怕的人，而“我”的汽修工被认为是非常好的），但我承认，我没有试图确认情况是否真的如此。

---

[3] 原注：年轻人可能不熟悉罗德尼·丹杰菲尔德。他是位喜剧演员，口头禅是“我不受尊重”。

[4] 原注：这就是所谓的“芬诺悖论”（Fenno's Paradox），即人们通常否认美国国会，但肯定来自自己选区的议员。这种现象是以政治学家理查德·芬诺（Richard Fenno）的名字命名的，他在 *Home Style: House Members in Their District*（Boston: Little, Brown, 1978）一书中对这种现象进行了描述。同样可参见 Stephen J. Farnsworth, “Congress and Citizen Discontent: Public Evaluations of the Membership and One's Own Representative,” *American Politics Research*, 2003, 31, at http://apr.sagepub.com/cgi/reprint/31/1/66.pdf。

这种差距是可以理解的。如果你认为代理人或汽修工很差劲，为什么还要继续给她投票，或者还要把车开到他的店里？官员对其情报支持团队的积极评价与对情报分析人员的一般评价之间，可能也有类似的情况，但我认为这不仅是一种简单的防御机制。情报分析人员通过展示其专业知识、实际效用和谨慎的判断力，赢得服务接受者的信任和尊重。没有表现出这些特质的分析人员，很可能且应该被服务接受者解雇或轻视。[1] 根据我的经验，这种情况很少发生。我相信，分析人员大都非常优秀，而且将分析人员与特定用户匹配的机制，在大多数情况下都非常有效。

与国会议员和其他专业人士一样，分析人员一次只能赢得一个人的尊重，但与国会议员不同的是，他们没有评估集体绩效的机制。媒体和其他监督机构定期向公众通报立法部门的成就（或不足），但对情报界却没有类似的机制。事实上，情报分析人员所做的绝大部分工作是保密的，而且保密期很长。这样一来，适用于许多其他职业的外部审查便被排除在外。此外，情报分析人员的工作范围极广，涵盖数千个主题，并需根据数百个用户的不同需求进行定制。设计出有意义的衡量标准和方法评估整体绩效，或许并非不可能，但将是非常困难的，更重要的是，其价值将令人怀疑。我们真正想要和需要知道的是，个体分析人员和分析部门的绩效。我们还需要了解不同分析方法、工具和协作形式的相对有效性。情报界在持续评估方面已采取了重要步骤，但还有更多工作可以做，也应该做。[2]

---

[1] 原注：关于这一点，下文会继续讨论。同时可以参见 Thomas Fingar, “Analysis in the U.S. Intelligence Community: Missions, Masters, and Methods,” in B. Fischoff and C. Chauvin, editors, *Intelligence Analysis: Behavioral and Social Scientific Foundations* (Washington, DC: The National Academies Press, 2011), Chapter 1。

[2] 原注：设立国家情报总监办公室的立法授权向国会提交一份有关分析绩效的年度报告。这一要求详见 Intelligence Reform and Terrorism Prevention Act of 2004, Public Law 108-458, December 17, 2004, at http://frwebgate.access.gpo.gov/cgi-bin/getdoc.cgi?dbname= 108_con_public_laws&docid =f:publ458.108.pdf。具体要求见 Section

缺乏对整体绩效客观、全面，甚至有意义的评估，并不妨碍对情报分析人员表现好坏的判断。在缺乏其他标准的情况下，批评家、评论员和国会议员很快就因少数人的罪过而谴责所有分析人员。我在这里特别指的是，所有情报分析人员，大约 20000 人都因批评而蒙羞，而这些批评被合法地应用于数十名情报分析人员的工作，他们提出了有严重缺陷的 2002 年伊拉克大规模杀伤性武器《国家情报评估》。[1] 我这样说，并不是贬低参议院情报特别委员会和大规模杀伤性武器委员会的出色工作，也不是暗示，所有未参与伊拉克评估的分析人员对在他们研究中发现的缺陷完全是无辜的。事实上，我同意所发现的问题在分析界相当普遍，而这些批评对于纠正长期存在的各种缺陷非常有用。正式报告不是问题所在，评论员引

1019。分析产品的一个子集由国家情报总监的分析完整性和标准办公室评估，参照标准为 *Intelligence Community Directive 203: Analytic Standards* (hereafter ICD 203), June 21, 2007, at www.dni.gov/electronic_reading_room/ICD_203.pdf。许多评估由各机构团队使用相同的标准进行，但更多的评估可能并且应该进行。有关评估重要性的更多信息，参见 National Research Council, *Intelligence Analysis for Tomorrow* (Washington, DC: The National Academies Press, 2011)。

[1] 原注：第 6 章将讨论 2002 伊拉克大规模杀伤性武器评估的缺陷和教训，同时可以参见负责分析国家情报副总监、国家情报委员会主席冯稼时博士 2008 年 3 月 18 日在纽约外交关系协会（Council on Foreign Relations）所做的评述和问答，网址为 www.dni.gov/speeches_2007.htm。关于该评估中对分析技术的其他批评，可参见 U.S. Senate, *Report of the Select Committee on Intelligence on the U.S. Intelligence Community's Prewar Intelligence Assessments on Iraq Together with Additional Views*, 108th Congress, 2d Session, S. Report 108-301, July 9, 2004 (hereafter SSCI 2004), at www.intelligence.senate.gov/108301pdf；以及 U.S. Senate, *Report of the Select Committee on Intelligence on Postwar Findings about Iraq's WMD Programs and Links to Terrorism and How They Compare with Prewar Assessments Together with Additional Views*, 109th Congress, 2d Session, September 8, 2006, at http://intelligence.senate.gov/phaseiiaccuracy.pdf。在搜集、评估和交流情报更广泛的系统或过程中存在的不足，可参见 Commission on the Intelligence Capabilities of the United States Regarding Weapons of Mass Destruction, *Report to the President of the United States* (hereafter WMD Commission Report) (Washington, DC: U.S. Government Printing Office, 2005)。

用报告的方式，贬低了所有分析人员的能力和诚信，并暗示分析人员的工作并不比简单的“连点成线”要求更高。在美国情报界做一名分析人员，其要求远比夸张描述所暗示的要高。[1]

夸张描述和批评暗示情报界的分析人员——所有分析人员是无能的毒刺，不过人们知道这些在现实中毫无根据。我承认我不是一个无私或完全客观的评论员。我是一名分析人员，更重要的是，我职业生涯的大部分时间都在美国情报界担任分析人员或者分析人员管理者。对所涉及的人员及流程的经验和直接了解，无疑让我对那些过于夸张或刻薄的批评极端敏感。在这里，我并不是抱怨错误的或愤世嫉俗的批评及其对士气的负面影响。我只是指出，这种批评对分析界的信心及分析界对自身的信心具有严重的腐蚀作用，这一点很重要。

尽管本章的标题如此，但其内容完全集中在分析人员作用和职责上。搜集者所做的极其重要；如果没有在搜集领域的同事所获取的信息，分析人员就不能像现在这样出色地完成工作。如前所述，我是一名分析人员。尽管我在情报界工作了 38 年，但我现在和过去都不是间谍。间谍从事着重要的，有时甚至是不可思议的工作。如果没有熟练的分析人员，间谍和其他信息提供者所做的大部分工作将毫无价值。间谍搜集信息，但在分析人员评估和解读这些信息之前，它只是数据。接下来我们将概述分析人员如何在国家安全体系中为决策者、军事指挥官和其他“用户”提供信息和见解，以减少正在发生的事情、可能发生的事情，以及如何确保或防止具体事态发展可采取措施的不确定性。

---

[1] 原注：马克·洛文塔尔（Mark Lowenthal）对这一点的阐述更加雄辩、激情，参见 Mark M. Lowenthal, “Intelligence in Transition: Analysis after September 11 and Iraq,” in Roger Z. George and James B. Bruce, editors, *Analyzing Intelligence: Origins, Obstacles, and Innovations* (Washington, DC: Georgetown University Press, 2008), 226–237；以及“The Real Intelligence Failure? Spineless Spies,” *The Washington Post*, May 25, 2008, at www.washingtonpost.com/wp-dyn/content/article/2008/05/22/AR2008052202961.html。

情报分析在国家安全体系中的作用

情报的主要目的是减少不确定性，为影响国家决策的人澄清所面临的所知不多的问题。了解更多或更好地理解影响事件的问题和驱动因素，并不能保证做出好的决定或制定成功的政策，但它确实提高了成功率。情报分析的任务是评估、整合和解读信息，以提供预警、减少不确定性并识别机会。对决策者来说，就趋势、特定外国领导人的政治算计或美国以外的人对问题的看法提供见解，往往比提供更多“事实”或对“最坏情况”的推测，更有裨益。发现某国违背条约承诺的事实，远不及分析它为什么这么做来得重要。摸清对手新武器系统的所有细节，也不如找出一个可以利用的漏洞更有用。促使决策者重新考虑其假设和判断，可能比为具体问题提供明确的答案更有利于国家安全体系。

在我有幸与之共事的高级官员中，对情报和情报界了解最多的是科林·鲍威尔（Colin Powell）。他就任国务卿后，当时我是情报研究事务代理助理国务卿，与他的第一次谈话中，我问他想从内部情报部门得到什么，他给出了明确而简洁的指导。那就是“给我见解，而不是新闻”。后来，他会见了情报研究局里的每一个人，给出了同样精辟而有价值的指导：“告诉我你所知道的，告诉我你所不知道的，告诉我你怎么看。”我多次引述这一指导，但增加了一条要求，即“明确哪个是哪个”。几年后，我得知鲍威尔多年来一直在给情报官员提出这个建议。[1]

---

[1] 原注：参见 Remarks by Director of National Intelligence Mike McConnell, at the Conference on Strengthening Analytic Practice: Lessons from the World of Journalism, sponsored by the DNI's Office of Analytic Integrity and Standards and the Woodrow Wilson Center for Scholars, November 13, 2007 at www.dni.gov/speeches_2007.htm。同时参见 Colin L. Powell, Opening Remarks before the Senate Government Affairs Committee, September 13, 2004, at www.fas.org/irp/congress/2004_hr/091304powell.html。

搜集者为“你所知道的”篮子提供输入，通常是非常有价值的输入。分析人员通常把“你所不知道的”篮子描述为“搜集空白”，但指责搜集者并不是解决问题的一种可接受方式。“你怎么看”类别包含了许多不同但同样重要的元素。元素一是解释用来弥补信息空白的假设。纳税人在情报事业上花费数十亿美元，并不是为了引出“我们不知道”作为对国家安全问题的明确声明。我们必须做得更好，我们也确实做到了。对假设的明确阐述，通常包括替代假设或假说，及其不成立的原因，是分析过程的组成部分。[1] 元素二是包含一些分析判断，如事态的动因、走向、可能改变当前轨迹的因素、相关人员可能做出的反应，以及可能对决策者和其他用户有用的类似见解。

判断不是事实。元素三是关于置信水平的表述，告诉用户你对所获取的信息和你所做的判断有多大或多小的信心。有时候，对置信水平的明确说明甚至比判断本身更重要，尤其是置信水平较低的时候。[2] 如果你知道其他分析人员使用同样的信息，但可能用不同的假设或以不同的方式权衡证据，得出了不同的结论，那么对判断的信心从逻辑上讲应该是较低的。一旦有迹象表明，使用良好技术的分析人员，对重要问题做出不同的判断，决策者理应（现在是必须）被告知。决策者应该听到的信息是：“请注意，这一判断的基础不牢。在你将自己的威望或美国的国力，投入以情报分析人员所确定情况为前提的行动方案之前，你需要提醒自己，现有的信息和良好的技术，尚不足以确证发生了什么，或者将要发生什么。”必须绝对清楚地表明这种分析差异的存在及其存在的原因，这是

[1] 原注：参见 ICD 203。

[2] 原注：关于在表述判断可信度时，严谨态度的重要性有过很多论述。情报分析人员可从以下文章中获益：Philip E. Tetlock, *Expert Political Judgment: How Good Is It? How Can We Know?* (Princeton, NJ: Princeton University Press, 2005)。还可参见 National Research Council, *Intelligence Analysis for Tomorrow* (Washington, DC: The National Academies Press, 2011)。

从对备受批评的伊拉克大规模杀伤性武器评估的事后分析中，吸取的最清晰教训之一。[1]

情报，尤其是分析支持，对决策者的有用程度与情报的及时性、针对性和接收者的信任程度成正比。换句话说，除了事实准确外，情报分析还必须客观，且与目标受众的需求高度契合。在美国官员现实世界的决策时限内，可能很少对所有关联因素及其相互作用进行彻底的检查，而且完全正确的分析往往不如在正确的时间向正确的人提供有用的信息及见解来得重要。即便数据丰富、方法卓越的分析产品，如果不了解处理该问题官员的知识背景、时间线和目标，对国家安全体系的贡献也可能微乎其微。[2]

情报界支持“所有”负责保护我们国家、公民和利益的机构和个人。那些希望得到支持的人涵盖从总统到为海军设计装备、战术和对策的人，制定外交战略的人，或应对人道主义紧急情况的人。个人和机构“用户”的具体需求取决于他们的职责。例如，五角大楼主要关注军事事务，财政部专注于经济问题，国务院则负责外交事务和在国外旅居或旅行的美国人。[3] 这些机构和美国其他政府机构的情报需求非常不同。与国务卿或非洲事务助理国务卿相比，委内瑞拉或泰国事务主管官员所需情报支持在质量上是不同的。因此，情报支持是一项零售活动，必须针对个别用户的具体需求和时间线进行定制。一刀切的解决方案对任何人都不是很有帮助。

多年来，提供量身定制的情报支持，对我来说，重要性显而易见。我经常认为，这对每个人来说都是不言而喻的。然而，情况似乎并非如此。作为从业者，我只有阅读少量关于改进情报界分析工作的评论和处方的时

---

[1] 原注：第 6 章将对这一点展开论述，同时可参见 Fingar, Remarks and Q and A。

[2] 原注：参见 Fingar, “Analysis in the U.S. Intelligence Community”。

[3] 原注：对情报界组成机构及其所支持任务的简短描述可参见 *An Overview of the United States Intelligence Community for the 111th Congress*, 2009, at www.dni.gov/overview.pdf。

间，但令我震惊的是，这一问题没有得到什么关注，尤其是与简化组织构架和消除重复工作的关注相比。毫无疑问，减少机构和机构内部分组的数量，可以减少信息共享与合作中文化和官僚障碍。这些都是可取的目标，寻求协同与减少不必要的重复也是一样的。但它们既不是情报改革的唯一目标，也不是最重要的目标。最重要的目标必须是对我们所支持的人有用，而要做到有用，就必须详细了解特定用户想要达成什么目标，他们已经知道什么，他们希望知道什么，他们认为他们知道哪些是错误的，以及其他参与者，通常只限于其他国家或非国家行为体，对该用户的目标知道什么、想做什么。这还要求详细了解某人主要用户的决策时间线，并对可能影响该用户集的目标和责任的事态发展保持敏感。换句话说，要做到真正有用，情报支持必须量身定制、及时，并值得信赖。所有这三点都需要情报分析人员与其支持用户保持频繁而密切的交流。

情报分析人员通过帮助主要用户应对每天无休止的问题、需求和机遇以支持他们。无论具体工作或任务包是什么，发生的事情或据报道已经发生的事情，都需要足够的关注、信息和解读，以确定它们需要某个特定官员即时的亲自参与，还是可以安全地委托他人，或至少暂时不予理会。任何官员都不愿意处于不知道对方提到的或国会议员、媒体提出的某一事态的境地。如果事态似乎在他们的权限范围内，用户至少希望得到通知或者示警，但他们总是希望得到的不仅仅是通知某些事情已经发生或者即将发生。搜集者，即那些探出、购买、窃取或偶然发现信息的人，可以提供“提醒”，但分析人员还需提供背景、评估影响，并预测事件如何发展。[1]

每个分析人员的工作都包括回答问题。有时这些问题是在会议过程中提出的，可能需要立即答复，也可能需要长时间和经过深思熟虑的答复。问题可以是事实性的（例如，“朝鲜上一次举行这种大规模军事演习是在

[1] 原注：参见 Fingar, “Analysis in the U.S. Intelligence Community”。

什么时候”）；分析性的（“为什么伊拉克总统马利基在没有知会美国的情况下，决定对巴士拉叛乱分子采取行动”），或者预估性的（“未来6个月阿富汗可能发生什么”）。事实性问题要尽快回答，通常是当场作答。分析人员用足够的细节提供自信的答案，这种能力既取决于专业知识，也取决于预测用户需求的能力。回答的充分性，在一定程度上取决于现场人员对分析人员的信心。

我想引述一则自己在国务院情报研究局工作的事例，证明声誉和信任的重要性。2000年乔治·沃克·布什选举获胜后，曾在前共和党政府任职的很多官员重返白宫，且通常被委以重任，这是华盛顿政界的常态。理查德·阿米蒂奇（Richard Armitage）是回归者之一，他在新政府中担任副国务卿。我和阿米蒂奇在里根和乔治·赫伯特·沃克·布什政府时一起共事，那时我负责中国处，随后又主管东亚和太平洋地区分析事务。在他卸任的数年里，在亚洲利益上的共同关切使我们经常在各种会议和智库发起的各种活动上碰面。就像在华盛顿经常发生的情况，过往的频繁接触催生了友谊、尊重和相互信任，避免了政界人员和职业公务员之间的尴尬和猜疑，这有助于从一届政府平稳过渡到另一届政府。我尊重并信任阿米蒂奇，而他对我的分析能力充满信心。尽管我们现在的工作涉及全球事务，但在亚洲（尤其是中国）事务中的工作经验，使我们一直保持良好关系。

2001年4月，美国海军EP-3侦察机和一架中国战机在空中相撞，阿米蒂奇对我作为中国问题分析人员的信任和信心变得有意义了，这一点我们都没有预料到。中国飞行员遇难，但美国飞机安全降落在中国海南岛。这次意外碰撞事件为美中关系带来了潜在危机，而且新一届美国政府仍在筹备。[1] 东亚和太平洋地区事务助理国务卿人选吉姆·凯利（Jim Kelly）

[1] 原注：关于该事件，参见 Shirley Kan et al., China–U.S. Aircraft Collision Incident of April 2001: Assessments and Policy Implications, Congressional Research Service, updated October 10, 2001, at www.fas.org/sgp/crs/row/RL30946.pdf。

尚未被确认，而国务院和国防部一些其他关键职位由职业官员担任，他们与政府的高级官员还不熟悉。作为情报研究事务代理助理国务卿，我直接参与评估所发生的事情，以及可能需要做些什么来确保机组人员（如果可能，还有飞机）安全返回。阿米蒂奇想让我作为分析专家发挥更直接的作用，参与制定外交战略。现在无暇顾虑情报分析与政策制定之间由来已久的鸿沟。美国面临一个严重的问题，而我们这些有相关经验和专长的人有责任找到解决办法。

我认识处理该问题的行政人员，对他们的能力很有信心。在其他压力或潜在影响较小的情况下，向副国务卿保证行政人员的能力便足以使他安心，但在潜在危机发生的最初几天，情况没那么简单，我知道最好不要尝试。长话短说，在两天内，我同时担任分析人员和决策者的角色，我确信我们知道该做些什么，更重要的是，我确信在东亚和太平洋事务局工作的朋友，在这一点上的理解毫不逊色于我。于是我对阿米蒂奇说，他可以信任东亚和太平洋地区事务代理助理国务卿达雷尔·约翰逊（Darrell Johnson）和他的团队，不需要我监督他们。

我引述这段轶事，不是炫耀作为中国问题专家的能力，而是要说明信任、人际关系以及敏锐感知服务对象所面临的挑战和关切的重要性。阿米蒂奇不需要我来解决问题，但他确实需要我给他信心，让他相信他所不熟悉的团队能够胜任这项工作，能够与新政府保持一致步伐。我承认，我喜欢再次成为一名中国问题分析人员（我接手全球事务已经7年了）。但我必须不断提醒自己，我身体不好，不得不严重依赖每天处理中国问题的分析人员和决策者。换句话说，我必须对他们的评估质量充满信任和信心。

有时候，最重要的答案，是解决用户应该问但没有问的问题。想提供有效的服务，分析人员需要了解用户知道什么、想做什么，以及用于制定和评估策略选项的方法。那些间接抛向分析人员的问题则更加棘手，因为关于“为什么问此问题”的信息很少，甚至没有。在所有事例中，提供

“事实”远远不够。良好的情报技术需要提供与主题相关的背景、模式、所获取情报的数量和特征等，以及其他可能帮助用户理解所咨询问题的见解。提供及时和有用答案的三个关键点是：掌握自己的职责；拥有获取数据并解读数据含义的知识；即便在应对日常事务或快速流转的问题上，也要培养良好的分析技术。

在某些方面，回答问题是工作中比较容易的部分。跟踪与分析人员自身及用户职责密切相关的事态进展则更加困难，因为这需要提出正确的问题，并知道从哪里找到答案。尽管用户和分析人员经常抱怨存在“搜集空白”和特定主题的信息匮乏（只要存在疑问，就怪搜集者），但实际上，在所有重要问题上，都会有源源不断的信息。分析人员最重要的工作之一就是阐述问题，这些问题要提供及时的见解，并且能通过可用或可获得的信息来解答。

每一位分析人员都有责任追踪其任务包的发展和趋势，以确定发展和趋势的可能走向，以及它们对美国利益可能造成的影响，或者服务对象正在考虑或所实行方法的可行性。分析人员还应对潜在的政策干预保持警觉，以缓和或利用正在发生的情况。对于大多数分析人员来说，一般应将战略预警作为工作重心，即提前将可能发生的情况告知用户，使其有时间审议并制定政策，促成想要的结果，扭转或弱化某些不利或危险的事态发展。[1]

尽管战略预警在口头上被赋予优先权，但没有哪位官员愿意因突发事态感到惊讶，或者显得搞不清状况，即便该事务在其职责范围之外。为避免意外和尴尬，他们总希望通过多种机制了解最新进展，途径包括他们的

[1] 原注：这一点将在第 4 章中论述，同时可参见 Jack Davis, “Improving CIA Analytic Performance: Strategic Warning,” The Sherman Kent Center for Intelligence Analysis, Occasional Papers, 1:1 (September 2002), at www.cia.gov/library/kent-center-occasional-papers/vol1no1.htm。

员工、情报机构行动中心、来自现场或朋友的电话，甚至电视和网络。但是他们假设且期望，情报界能够发挥故障—安全预警机制的作用，如果没有收到突发新闻的警报，他们通常会将责任归咎于情报界。知道这一点，作为一个整体，分析人员和情报界都有条件和有组织地监控各地的事态发展，并报告超过相对较低门槛的事件。分析人员也知道，用户不会满足于事实。他们想知道事实意味着什么。[1]

用户不希望感到出乎意料，而情报分析人员则急于满足其主要用户的需求，这两者的结合也许是许多人批评过度关注“动态情报”最重要的原因。[2] 许多分析人员抱怨，众多专家也谴责，对无关紧要的事态发展和错误信息进行重复的快速周转评估，耗费了大量的时间和精力。这个问题比单纯地浪费分析人员的时间更恶劣。评估、解释和解读事态发展有一种夸大其重要性的趋势，从而导致个人、组织甚至整个国家安全体系受到某些事件的干扰，这些事件根本不重要，至少对美国安全利益不那么重要。这种分散注意力的例子包括：报告称一个令人讨厌的非洲叛军领导人越过国际边界，从一个无政府真空区进入另一个真空区；第五份（或第十份或不管哪份）报告称，委内瑞拉总统查韦斯向南美国家的左翼候选人提供资金；或者根据一些不可靠的外国媒体报道称，某国已经或将要发生不测的事件。

---

[1] 原注：参见 Jack Davis, “Improving CIA Analytical Performance: Analysts and the Policymaking Process,” The Sherman Kent Center for Intelligence Analysis, Occasional Papers, 1:2 (September 2002), at www.cia.gov/library/kent-center-occasional-papers/vol1no2.htm; John McLaughlin, “Serving the National Policymaker,” in George and Bruce, *Analyzing Intelligence*, 71–81；及 James B. Steinberg, “The Policymaker’s Perspective: Transparency and Partnership,” in George and Bruce, *Analyzing Intelligence*, 82–90。

[2] 原注：参见 Richard L. Russell, *Sharpening Strategic Intelligence* (New York: Cambridge University Press, 2007)，以及 WMD Commission Report。

决策者想要的和需要的

总的来说，决策者，以及他们在军事和执法领域的同行，对其职责范围内的事务非常了解。并非所有人都符合这一特征，但大多数都符合。没有情报工作经验的官员在上任之初往往会说："给我原始情报（raw intelligence），我自己就能弄清楚。""原始情报"或"信息流量"是华盛顿的行话，指的是搜集者提供的信息。分析产品被称为"成品情报"（finished intelligence）。这种区分极大地低估了搜集者工作的难度和重要性。许多决策者无疑或者可能是优秀的分析人员，特别是那些有几十年工作经验的人，但大多数人很快发现，他们根本没有时间涉猎每天涌入的海量信息。他们别无选择，只能让分析人员充当他们职责中的耳目，并承担大部分繁重的工作，以验证、评估、解释和解读那些"自动"流入的信息，或响应他们自己的查询和分析人员对搜集者的指示。

某些官员的诚实令人印象深刻。斯特罗布·塔尔博特（Strobe Talbolt）任副国务卿时，在一次简报会议上，其他人离开后，他将我留下。在该简报会议上，一个来自无名机构的分析员，阐述某中亚国家（曾经为苏联一部分）的事态发展。在要求提供一份简报几方面的要点之前，塔尔博特说："我知道，人们认为我知道所有这些东西，但我真的不知道。我不想伤害他们的感情，但我真不知道他们在说些什么。"与会分析人员违反了用户服务的第一条原则：了解你的用户。了解用户知道什么，想知道什么，以及分析人员认为用户应该知道而用户似乎并不知道的。这种了解，需要频繁的接触和相互的信任。塔尔博特也违反了一条同等重要的原则，他没有要求分析人员解释他们在假设他已经知道的情况下一带而过的信息。要使分析人员与用户保持正常的工作关系，而且通常如此，双方必须对对方有足够的信心，以披露他们不完全理解以及他们真正想知道的东西。虽然认为维持这种良好关系的责任应由双方共担，且正在努力让决策者学习如何最佳地发挥情报支持团队的作用，但分析人员为维护双方关系承担了不成比例的责任。[1] 虽则如此，决策者确实可以（而且经常）在没有情报分析人员提供信息的情况下做出决策，但是没有用户的信任，分析人员就是在浪费纳税人的钱。

为了赢得用户的信任，分析人员必须表现出实质性的专业知识、客观性、对用户使命和目标的理解力以及判断力。这 4 个要素必不可少。如果分析人员未能表现出对其业务领域的精通程度，决策者就不太可能对他（她）提供的见解或建议予以相应的重视，也不可能因此从不同角度思考问题。把“秘密”装在密封袋里，可以使分析人员获得机会，但如果分析人员不能就与用户责任相关的主题进行老练的对话，将不能对决策过程做出什么贡献。客观性甚至更重要，因为一个被认为有目的的分析人员，就会被认为是在筛选信息并歪曲分析判断。对用户需求和目标知之不详，会降低情报界所提供信息和见解的效用。简单地说，缺乏相关性的信息没有用处。与用户紧密合作，了解其需求将使分析人员接触到“审议过程”范畴下的事务、选择和政治策略。区分哪些信息必须与情报界其他人员共享，哪些信息必须被视为特权信息，需要良好的判断力和审慎的态度，只有这样才能为整个国家安全体系提供适当的支持。[2]

---

[1] 原注：根据总统情报咨询委员会的建议，我开始编写简报材料和口头简报，供情报界所有部门的分析人员使用，以便向新的决策官员介绍情报界的工作以及如何更好地利用情报界的能力。这些简报材料本质相同，但针对不同用户的具体任务和操作风格进行了定制。肯尼迪学院贝尔弗科学与国际事务中心也为国会议员准备了类似材料。参见 Eric Rosenbach and Aki J. Peritz, “Confrontation or Collaboration? Congress and the Intelligence Community: Background Memos on the Intelligence Community,” July 2009, at http://belfercenter.ksg.harvard.edu/publication/19201/confrontation_or_collaboration_congress_and_the_intelligence_community.html。

[2] 原注：参见 Jack Davis, “Tensions in Analyst–Policymaker Relations: Opinions, Facts, and Evidence,” The Sherman Kent Center for Intelligence Analysis, Occasional Papers, 2:2 (January 2003), at www.cia.gov/library/kent-center-occasional-papers/vol2no2.htm。

信心和信任至关重要，因为得不到信任的分析人员只能猜测用户所需，决策者也没有足够的依据，来判断情报分析人员所提供的见解是否比从自己的员工、外国同行、利益集团、媒体或其他信息来源所获取的见解更高明。[1] 情报判断并不会自动优于其他判断，但它们应该被视为比其他评估提供一样多或更多的信息，因为它们是严格的情报技术的产物，并且尽可能客观。在所有可能是最重要的判断中，这一点尤其如此：由可靠的、得到用户信任的分析人员在现场做出的判断。如前所述，声誉和诚信无比重要。

许多以情报界为主题的撰稿人对其实际运作知之甚少，他们坚持认为，分析人员必须避免与他们所支持的官员“过于亲近”或“受其蛊惑”。这种告诫是对的，但过于含糊，因而发挥不了实际作用。正如我在本章中试图阐明的那样，分析人员必须足够接近用户，以了解其需求并获得信任。多近才算“足够接近”，多近才算“过于亲近”？答案取决于所涉及的人物、他们对各自在国家安全体系中所起作用的认识，以及分析人员的专业精神。[2] 我对情报分析人员的专业精神充满信心。他们对诚信、客观性和独立性极为重视，因此我相信大多数分析人员都会做正确的事，在不确定时寻求指导，并报告任何使其工作“政治化”的企图。设立国家情报总监办公室的立法授权增设一个负责情报完整性的监督员，并向国会提交一份有关政治化企图的案例报告。[3] 我很高兴能够报告，我们每年对所有分析人员进行的调查表明，被认为政治化企图的案例很少，而且在大多数报告中，分

[1] 原注：参见 Roger Z. George and Harvey Rishikof, editors, *The National Security Enterprise: Navigating the Labyrinth* (Washington, DC: The Georgetown University Press, 2011)。

[2] 原注：参见 Gregory F. Treverton, “Intelligence Analysis: Between ‘Politicization’ and Irrelevance,” in George and Bruce, *Analyzing Intelligence*, 91–105。

[3] 原注：就任何政治化企图向国会提交报告的要求，参见 Intelligence Reform Act, Sec. 1020。

析人员自身或其机构还采取了适当措施，遏止了那些政治化的企图。[1]

这里可能是多讲几件轶事的地方，以说明工作的实际运作方式。第一个例子，早在里根政府时期，我担任中国处处长。当加斯顿·西古尔（Gaston Sigur）从国家安全委员会调任东亚和太平洋事务助理国务卿时，许多人猜测我可能会遇到一些麻烦。人们做此猜测，因为他们认为我比实际更加“左”，而西古尔则被一些人认为极其保守。事实上，我们很快建立起一种非常密切的工作关系，保持了高度的信任和友情。西古尔让我有机会出席他的会议，了解他的想法，并定期请我对其员工准备的报告或他正在考虑的观点发表评论。我相信，他寻求的不仅仅是一个“自由”的视角，他想要的是理性的审视，以确保所议内容不会与现有情报和情报界的判断相悖，他还想了解我对我们都很熟悉的地区的想法。我们的最优先任务都是保护和促进美国的利益。我从不认为我有违反分析人员职责的危险，而且我确信，由于我们之间的信任和尊重，为我们提供了进入他思维的视角，情报界能够提供更好、更有针对性的支持。

第二个例子是我在向国务卿奥尔布赖特（Albright）通报有关中东某国的新情况后，与她进行的一次交流。我讲完后，在她提出几个事实性和分析性问题后，她说：“我该怎么做？”我回答说：“国务卿女士，我是一名分析人员。你知道，我不负责制定政策。”她说：“是的，而且我也不做分析工作。那现在，我该怎么办？”我第二次提出异议，说我认为我对她所追求的目标和更宏观的政策背景了解不足，无法提供一个有依据的答案。她回答说：“我向你征求意见是因为我尊重你的判断。这并不意味着我会按照你的建议去做，但我确实想知道你的想法。”作为回应，我将此问题框定为我认为应该考虑的问题，并提出了处理该问题的行动方案。在

[1] 原注：作为情报分析事务国家情报副总监，我要求每年对所有情报分析人员进行调查，以确定他们是否、在何处、在哪些主题上见过或听说过政治化的案例，并了解该案例产生怎样的后果。这些报告是机密的。

给出建议之后，我决心在工作中更加谨慎，以确保我不会为了证实或支持这些建议，来选择或解释后来获得的情报。我希望并期待每个分析人员在遇到类似的情况时，也会这样处理。

满足情报需求的过程

如果你认为以上讨论看起来很复杂，那么你读得很用心。到目前为止，你应该了解到的是，美国政府众多部门的数百名用户会同时处理数千个问题，并对情报界提出源源不断的要求。分析人员向搜集者寻求帮助，搜集者使用公开的、隐蔽的或者秘密的方法获取信息，帮助分析人员了解所发生的事件，以便他们能够向决策者、军事指挥官和其他用户提供见解。[1] 这一过程还不够高效，我们可以并将做得更好，但使过程合理化比你想象的更具挑战性，这不仅因为有官僚惰性、好战等因素，还因为除去混乱因素，这个系统实际上运作得很好。

分析人员如何识别用户需求，并提供对其角色和职责有用的见解？要正确回答这个问题，需要相当详细地描述不同分析人员如何对一般准则进行调整，以满足特定用户的特殊需求。换句话说，成功没有单一的最佳途径或诀窍，在某些情况下有效的方法在另一些情况下不会奏效。即便如此，可以把这种操作看作两种模式的相互影响，同时发生但并不相互排斥。描述性标签是为这篇文章发明的，但所描述的现象是真实的。

正式的或**“协同的”**支持包括程序和产品，用于确保从事国家安全事务的最高级别官员能够获得情报分析人员所提供的一套共同的评估和见解。这是高度简化的想法，但你可以把这个群体想象成白宫或内阁成员中，参与国家安全委员会主导行动的官员。群体的每个成员都能从其内部

[1]　原注：参见 James B. Bruce, “The Missing Link: The Analyst–Collector Relationship,” in George and Bruce, *Analyzing Intelligence*, 191–211。

的情报部门（如国务院情报研究局）和中央情报局（有时是其他机构）支持国家安全委员会“负责人”的分析人员那里，得到一套共同的产品和简报，以及量身定制的分析支持。“负责人”是华盛顿行话，指几种环境下的任何一种高级别官员。这种共同信息的“核心”完全由分析评估构成，但如果分析人员认为一些“原始”情报有必要引起高级用户的注意，有时也会将其包含在内。

这些信息是通过《总统每日简报》提供的，这既是一个过程，也是一个产品；既是国家情报委员会的产品，也是某些委托或独立生成的与所审议主题密切相关的分析产品。这些产品都经过严格的质量控制审查，并在情报界所有适当部门之间进行正式或非正式的“协同”。当分析人员运用良好的技术得到不同结论时，该过程能确保所有替代判断（现实中一般不会超过两种）以均衡的方式提出。过去并不总是如此，但在 2002 年伊拉克大规模杀伤性武器评估的悲惨经历后，这一点已被纳入这一过程。知道高级官员工作繁忙，经常出差，需要审阅的文件堆积如山，因此这一过程为他们提供三次（或更多次）了解情报分析人员的判断、论点和见解的机会。关键材料通过《总统每日简报》程序、为会议准备的简报册，以及国家情报总监或另一位“负责人”在会议期间提出的情报界观点的简短口头摘要来提交（口头简报或硬拷贝）。[1]

不太正式但更具针对性的支持，主要通过“负责人”的下属（例如，副国务卿、助理国务卿及更低级别人员）与情报界支持团队的定期互动完成。这些团队通常由一两个人组成，他们会参加相关会议，熟知会议议程和截止期限，了解他们的用户知道什么、想要什么、需要什么，以及他们希望如何接收信息（口头、书面抑或经由下属转达等）。支持团队还包括

[1] 原注：参见 Thomas Fingar, “Office of the Director of National Intelligence: Promising Start Despite Ambiguity, Ambivalence, and Animosity,” in George and Rishikof, *The National Security Enterprise*, 139–155。

来自中央情报局或分析群体的另一个“外部”机构的分析人员。在理想情况下，团队的内部成员会让外部参与者及时跟上进度，但是坦率来说，这种情况不会像应该发生的那样频繁或有效。

计划实现

在名为《天龙特攻队》（*The A-Team*）的经典烂剧的结尾处，乔治·佩帕德（George Peppard）总会说：“我喜欢一个计划被完成的感觉。”这常常是我对情报界表现的看法。通过列举同样的“失败”清单来贬低情报分析人员的工作，是任何人都可以玩的游戏，而且很多人都在这么做。但事实是，事情的发展是正确的，我们或多或少都会使之正确，而且正确远比不正确要多。在 1994 年成为分析事务助理国务卿帮办后的数年里，我发给高级官员的大约 1.4 万份分析报告中，只有少数几份被证明是有严重缺陷的。大多数虽非完全正确，但对我们的用户是有用的。请记住，情报界不会，或者说不应该解决那些证据充足、时间压力最小的简单问题。我们的存在是为了做困难的事情，在我们只有少数几块碎片，甚至不确定它们是否都来自同一拼图的情况下，我们要弄清楚整幅拼图的样貌。[1]

我在此的观点不是为准确性或充分性辩护，而是要宣布和捍卫我在本章所概述过程的有效性。一旦这个过程发挥作用，大多数时候会发挥作用，它比制作香肠的类比所暗示的要优雅和重要得多。过程正常发挥作用时，会发生以下情况：

- 整个国家安全体系高级官员都会收到相同的信息核心，其中大部分是对目前正在处理或必将共同处理的问题的分析。这一基本核

[1] 原注：评估分析的困难将在第 5 章详述。

心包括由情报界最精心准备和协同的分析。当分析人员对信息做出不同解读或不同判断时，所有高级官员都会知悉差异的存在及其原因。

- 国家安全机构的高级官员和下属，会收到与其议程和职责相关的信息及分析输入。同样，一旦发现实质性的分析差异，所有相关人员都会知悉。
- 高级官员从其情报界支持团队获取足够的信息，以判断下属发送给他们的特征描述和选项是否与情报判断一致。
- 下属的意见应该而且通常是与情报判断相一致的，因为这个过程的设计，就是确保工作链中职级较低的人得到定制的情报支持，并有机会质询分析人员的工作，为其分派任务，而分析人员的任务就是确保用户具备解决问题所需的条件，并确保他们知道向系统中较高职级的人提供了哪些信息。随着文件在系统中的向上传递，更高职级的政策官员有很多机会根据他们对形势的了解评估拟议行动的适当性和可行性，而这又可以通过他们与情报分析人员的互动加以佐证。他们也会知道与其他决策者和国会共享了哪些信息。
- 文件和提案由情报输入提供信息，这些信息非常清楚地说明已经知道什么，存在哪些信息空白，用于填补空白的假设，分析人员对信息源及某特定判断的信心，以及是否探索了替代假设，并认为哪一种说服力较低。

一切正常时，大多数时候都会如此，观点在系统中传递就不会有什么意外。有很多机会可以反复审查分析判断的性质，政策建议是否与分析判断一致，以及决策更好而不是更坏可能是因为情报分析人员提供的信息输入。如果在内阁官员或国家安全委员会高级主管发现明显不一致之前，某些东西一路传送到“行政食物链”的顶端，就说明出了大问题。

最后，请允许我强调一下，是决策者，而不是情报专业人员，决定如何处理从情报界搜集和评估的信息中获得的信息和见解。在大多数情况下，决策和行动都与情报判断完全或大体一致，但情况并非总是如此，而差异也并非总是坏事。决策者应当权衡情报以外的因素，这有时会导致他们走上与分析输入逻辑相左的道路。情报专业人员需要理解并尊重，我们的系统本应如此运作。

第4章
用情报预测机遇和塑造未来

减少不确定性通常被解释为找出对手希望隐藏的秘密，对决策者、军事指挥官或执法人员提出预警，以防止或准备应对威胁我们国家、公民或利益的事态发展。这种解释当然没错，但太狭隘了。经过适当的构思和应用，情报搜集和分析还能为决策者创造机会，通过强化积极的趋势，并对那些朝着有问题或消极方向发展的趋势加以引导，来塑造未来。从理论上讲，提供预警和预测机会是一枚硬币的两面，因为两者都需要对群体、国家或问题领域进行深入了解和密切监测。从理论上讲，如果一个人了解形势、事态发展方向以及推动事态发展的因素，就应该很容易识别出推动事态朝积极方向发展的机会，就像发现麻烦的迹象一样容易。这个理论是正确的，但是优先级、实际考量和对“政治化”的关注，使情报界更倾向于发现和分析问题，而不是寻找可能的解决方案。[1]

---

[1] 原注：例如，参见*Kenneth Lieberthal, The U.S. Intelligence Community and Foreign Policy: Getting Analysis Right*, John L. Thornton China Center Monograph series No. 2 （September 2009）, at www.brookings.edu/~/media/Files/rc/papers/2009/09_intelligence_community_lieberthal/09_intelligence_community_lieberthal.pdf。美国国家情报总监丹尼斯·布莱尔在向记者描述他的情报处理方式时表示：“实际上，我们在一个重要问题上看到的每一份分析报告，不仅

考虑到情报界的起源，以及对许多人来说情报界存在的理由，更重视发现威胁而不是发现机会，是可以理解的。[1] 由于国家面临的“威胁”与国家安全预算之间的关系，这一倾向也可能是不可避免的。我们用于减少不确定性的大部分开支，每年超过 500 亿美元流向情报界。通过一个强调威胁的过程，这笔钱的需求被证明是合理的。例如，由国家情报总监提交给国会的《年度威胁评估》机密版和非机密版本中，对问题和危险的关注远远超过对积极变化之机会的关注。[2] 这种强调是可以理解的，但也是令

有威胁部分，还有机会部分。”引文见 Alex Kingsbury, “Dennis Blair, Obama’s Spy-in-Chief, Brings a Tactical Eye to the Job,” *U.S. News and World Report*, April 8, 2009, at www.usnews.com/articles/news/national/2009/04/08/dennis-blair-obamas-spy-in-chief-brings-a-tactical-eye-to-the-job.html。2009 年 3 月 26 日媒体圆桌会的全文见 www.dni.gov/interviews/20090326_interview.pdf。

[1] 原注：美国情报界的起源早于《独立宣言》，主要致力于监控英国对殖民地的企图，但第一批正式的情报机构是在美国革命期间建立的，主要关注英国的军事计划、部署和战斗力。换句话说，美国情报机构的根基牢固地建立在军事情报之上，而军事情报传统上更关注威胁，而不是机会。“珍珠港事件”的教训和《1947 年国家安全法》（National Security Act of 1947）的基本原理，进一步强化了“以威胁为导向”的起源和存在的理由，《1947 年国家安全法》是美国目前情报机构的基础。尽管如此，“机会分析”的根源还可以追溯到独立战争时期，当时本杰明·富兰克林（Benjamin Franklin）和其他美国外交官搜集并评估了法国和其他国家对我们新成立共和国态度的情报，并利用由此产生的见解来确定请求支援的时间和目标。参见 David Hackett Fischer, *Paul Revere’s Ride*（New York: Oxford University Press, 1994），以及 Gordon S. Wood, *The Americanization of Benjamin Franklin*（New York: Penguin, 2004）。

[2] 原注：2005 年国家情报总监办公室成立之前，《年度威胁评估》（当时称为《全球威胁评估》）由中央情报总监提交，在特定监督委员会的要求下，选定的情报界组成机构负责人，尤其是国防情报局（DIA）、国务院情报研究局和联邦调查局，也会提交。有代表性的非机密威胁评估，参见 Dennis C. Blair, director of national intelligence, Annual Threat Assessment of the U.S. Intelligence Community for the Senate Select Committee on Intelligence, February 2, 2010, at www.dni.gov/testimonies/20100202_testimony.pdf；George J. Tenet, director of central intelligence, DCI Worldwide Threat Briefing 2002: Converging Dangers in a Post 9/11 World, March 19, 2002, at www.cia.gov/news-information/speeches-testimony/2002/dci_speech_02062002.html；及 Thomas Fingar, acting assistant secretary of state for intelligence and research, Statement before the Senate Select Committee on Intelligence Hearing on Current and Projected National Security Threats to the United States, February 7, 2001, at www.fas.org/irp/congress/2001_hr/s010207f.html。

人遗憾的，因为它掩盖了情报界最重要的职能之一，并导致分析人员和各机构对“好消息”和推动事态向更有利方向发展的潜在机会关注度过低。以上每一点都需要简单阐述。

尽管规模庞大，资金充足，态度积极，但情报界并不能做到用户要求或期望的一切。请求和需求必须按优先顺序排序。情报界有一套相当复杂的程序，对矩阵（matrix）中约 9100 个单元进行审查和排序，而矩阵由约 280 个国际参与者，根据国家安全委员会三大类 32 个情报主题排列而成。[1] 在我被赋予被称为“国家情报优先框架”（National Intelligence Priorities Framework）这一过程的职责时，有将近 2300 个问题的优先级高于零。我的第一条指令是“减少这个数字”。在试图证明 2300 个“优先事项”的合理性时，我根本无法保持坦然。我们大幅减少了这一数字，特别是列在两个最高优先级别中的问题，但数字仍然很大，因为决策者需要并期待在很多问题上得到情报支持。

毫无疑问，这反映出一种普遍的信念，即识别并预防不利事件的发生比寻找实现积极变化的机会更重要，因此，用于将请求筛选到可管理数量的过程，更关注威胁而不是机会。对搜集者和分析人员的终极指导，对目标对象、搜集内容、处理内容、分析内容以及分析人员寻找的内容具有现实意义。最终的结果是，机会比威胁受到的关注更少。

即使优先处理过程偏重于识别威胁，优秀的分析人员通常有足够的专业知识和洞察力，来发现改变事件轨迹的机会。[2] 遗憾的是，许多人不愿意

---

[1] 原注：关于这一程序，参见 *Intelligence Community Directive Number 204: Roles and Responsibilities for the National Intelligence Priorities Framework*, September 13, 2007, at www.dni.gov/electronic_reading_room/ICD_204.pdf。

[2] 原注：参见 Fulton T. Armstrong, “Ways to Make Analysis Relevant but Not Prescriptive,” Central Intelligence Agency, Center for the Study of Intelligence, *Studies in Intelligence*, 46:3（April 14, 2007）, at www.cia.gov/library/center-for-the-study-of-intelligence/csi-publications/csi-studies/studies/vol46no3/article05.html。

写下他们的发现。他们的不情愿在一定程度上源于评估过程中的激励和抑制机制（“你为什么要把时间花在低优先级问题上”），同时反映出他们的担心，即他们可能会被视为试图通过推荐现有政策的替代方案来制定或改变政策。指出机会和推荐政策之间的“理论”区别，要比现实世界施加的限制更明确，该限制要求尽可能客观和确保分析不偏向支持自己喜欢的政策选择。对很多分析人员来说，“谨慎”的做法是将对机会的洞见留给自己。

他们这样做是令人遗憾的，因为他们的专业知识和经验，有时使他们比所支持的决策者更有可能发现机会。此外，决策者经常表示，他们希望情报界在发现问题的同时也能发现机会。以我的经验来看，他们中大多数人是认真的。[1] 在很多时候，关键是在分析人员和决策者之间建立一种信任关系，使他们能够冷静地讨论各种可能性和政策选择。如果没有这种信任，这是不可能实现的。

情报种类

对情报界的评论，常常将“动态”情报与“战略”情报加以区分，通常是为了谴责过分注重解释搜集者获得的最新情报信息，而对长期战略分析不够重视。这样的批评是有道理的，但它们通常忽略（或歪曲）了几个重要观点。其中一个错误是低估了对军方所谓“态势感知”（situational

[1] 原注：参见 Jack Davis, “Improving CIA Analytical Performance: Analysts and the Policymaking Process,” The Sherman Kent Center for Intelligence Analysis, Occasional Papers, 1:2（September 2002）, at www.cia.gov/library/kent-center-occasional-papers/vol1no2.htm；John McLaughlin, “Serving the National Policymaker,” in Roger Z. George and James B. Bruce, editors, *Analyzing Intelligence: Origins, Obstacles, and Innovations*（Washington, DC: Georgetown University Press, 2008）, 71–81；及 James B. Steinberg, “The Policymaker's Perspective: Transparency and Partnership,” in George and Bruce, *Analyzing Intelligence*, 82–90。

awareness）的需求。[1]

整个政府的决策者都想知道，他们应承担责任的地理范围和（或）实务领域发生了什么。任何官员都不想被同事、外国同行或国会议员搞得措手不及，因为他们似乎比官员对其职责范围内发生的事情了解得更多。即便有关事态没有内在的重要性，一无所知也会令人尴尬，在政治上也许是致命的。华盛顿可是一个难混的城市。为了避免意外和尴尬，决策者希望其工作人员和情报界支持团队确保他们总是"掌控"他们的职责。这就是需求方对动态情报的"拉动"。还有一个来自情报支持团队供应方的"推动"。情报分析人员知道，要想为主要用户提供及时、有针对性和有用的情报支持，就必须赢得并维持用户的信任，因此他们宁可提供比所需更多的"动态情报"。有些决策者会时不时地说，他们欢迎更多的长期分析，但潜台词是接受这种分析不应以牺牲持续的态势感知为代价。

尽管决策者常常被收件箱里的需求和眼前的政策问题所负累，以至于他们没有时间或兴趣去考虑更长期的发展，但那些宣称需要更多"战略"分析的专家是正确的。从全局来看，对情报界来说，减少未来可能发生事情的不确定性，远比确保决策者知道过去几天或几小时内发生的事情更重要。事实上，可以说，拥有情报机构最重要的理由是能尽可能早地提供"战略预警"，以便决策者能够采取行动，防止、改善或利用预期的事态发展。[2]

---

[1] 原注：参见 Gregory F. Treverton and C. Bryan Gabbard, *Assessing the Tradecraft of Intelligence Analysts*（Santa Monica, CA: RAND Corporation, 2008）, at www.rand.org/pubs/technical_reports/2008/RAND_TR293.pdf。

[2] 原注：关于战略预警，参见 Jack Davis, "Improving CIA Analytic Performance: Strategic Warning," The Sherman Kent Center for Intelligence Analysis, Occasional Papers, 1:1 （September 2002）；以及 Jack Davis, "Strategic Warning: If Surprise Is Inevitable, What Role for Analysis?" The Sherman Kent Center for Intelligence Analysis, Occasional Papers, 2:1 （January 2003）, at www.cia.gov/library/kent-center-occasional-papers/vol2no1.htm。

预测未来

正如约吉·贝拉（Yogi Berra）所说："预测是很难的，尤其是涉及未来的时候。"但预测不是也不应该是战略分析的目标。战略分析并不是告诉决策者，"这是将要发生的事情，所以你最好为这个结果做好准备"，而是将未来视为既非不可避免，也非不可改变。目标是确认最重要的发展趋势、其相互作用、发展方向、推动因素，以及可能表明轨迹发生变化的迹象。换句话说，战略分析旨在确定塑造未来的因素，决策者能够据此设计战略和制定政策，以保持积极的发展轨迹，并将消极的轨迹转向更积极的方向。最终目标是塑造未来，而不是预测未来。

战略分析比咨询一个水晶球或几个聪明的分析人员要困难得多。在大多数现实情况下，变量很多，时间线很长，参与者众多，并且容易受到各种压力的影响，一切都是动态的和交互的。在一个高度全球化和相互依存的世界里，任何地方发生的事情都可能影响其他地方的机会和发展。通过构建可在功能强大的计算机上运行的复杂模型，以生成一份全面的可能结果的清单，来解决问题，这是不切实际的。因此，必须通过判断哪些因素或驱动力最重要，临界点或阈值存在的时间和地点，以及事态发展是否及为什么似乎朝着与预期不同的轨迹发展，从而使任务变得可管理。这项工作还涉及确定关键机构和个人，他们在决策时听从谁的意见或听从什么意见，他们希望实现什么目标，以及其他变量。最终目标是提供见解和路标，帮助美国决策者评估可能性、确定优先事项，并制定能够塑造结果的战略。

现在，我将从战略情报的一般性和理想化的讨论，转向三个具体事例，以说明情报界努力为未来的决策提供信息的特质和效用。我不会讨论操纵事件的秘密手段的使用。[1] 原因不仅仅是我无法在非机密讨论中论及

[1] 原注：参见 John MacGaffin, "Clandestine Human Intelligence: Spies, Counterspies,

机密活动。这当然是事实，但更重要的原因是我自己认为秘密手段的影响力很低。如果把秘密操纵的影响力分为三类，即决定性的、边缘性的和不相关的，我认为大多数应被归类为与实际发生的事情不相关或是边缘性的。有人可能表示异议，我不打算为我的观点提供额外的证据或理由，但我必须指出，如果这类活动在美国外交政策中发挥关键作用，就必须在美国国务院编制的题为《美国对外关系文件集》的法定文件汇编中加以说明。[1] 该汇编中这类案例少之又少。

预测和塑造未来的项目实例

第一个例子是一项完全非机密的研究，题目是《2025 年全球趋势：转型的世界》。[2] 虽然我将提到其中一些研究成果，但重点是研究的目的

---

and Covert Action," in Jennifer E. Sims and Burton Gerber, editors, *Transforming U.S. Intelligence* （Washington, DC: Georgetown University Press, 2005）, 79–95。

[1] 原注：这项要求载于 Public Law 102-138, the Foreign Relations Authorization Act for Fiscal Years 1992–1993 for the Department of State，用于其他目的的，参见 http://fas.org/sgp/advisory/state/pl102138.html。具体规定见 Section 401。内容如下：

(a) 出版章程：国务院应继续出版《美国对外关系文件集》史料丛书（简称"FRUS 丛书"），该丛书是美国重大外交政策决策和美国重大外交活动的全面、准确和可靠的文献记录。本出版物各卷应包括关于美国政府重大外交政策和行动的全面记录，包括促成这些政策的事实，以及为最终采取的政策立场提供支持或替代性意见的记录。

(b) 编辑原则：为编写"FRUS 丛书"而编辑记录时，应遵循历史客观性和准确性的原则。不得更改记录，未在已出版的文本中注明已做删减的，不得删减。出版的记录不得遗漏对决策产生重大意义的任何事实，也不得为掩盖政策缺陷而遗漏任何事实。

[2] 原注：National Intelligence Council, *Global Trends 2025: A Transformed World* (hereafter *Global Trends 2025*), November 2008, at www.dni.gov/nic/PDF_2025/2025_Global_Trends_Final_Report.pdf.

和过程。[1]

《2025年全球趋势》是20世纪90年代中期在约翰·甘农（John Gannon）领导下开启的一项工作的第四个升级版本。甘农是前任美国国家情报委员会主席之一。我参与了这项工作，并在国务院发起一项平行研究。这些最初的努力试图描述2010年的世界。[2] 我们的动机很相似：看看我们是否能够做到，从这个过程中学习，并回答关于我们没有进行足够战略分析的非难。事实证明，这项工作既困难又有收获。之所以困难，部分原因是，对分析人员来说，没有大灯照明，盲开那么远是不舒服的。我们没有关于未来15年可能发生什么的情报，许多分析人员的应对策略是预测当前的趋势会延续下去。大多数分析人员，以及我们所做的研究，都试图预测将会发生什么，但他们并不擅长识别不连续性的驱动因素和潜在来源。也许我们从这项工作中得到的最重要教训是，它更好地改变了参与的分析人员对其主题的思考方式，以及战略分析对理解当前事件的效用。[3]

第二个版本是在几年后推出的，但与第一次完全依赖情报分析人员的尝试不同，为了确定2015年之前的趋势，我们召开了几次会议，以利用美国专家对我们认为未来15年内重要的问题提供的专业知识和见解。第

[1] 原注：关于这一过程的其他信息，国家情报委员会网站有对该项目的描述，见www.dni.gov/nic/NIC_2025_project.html；也可以参阅冯稼时和马修·伯罗斯（Mathew Burrows）于2008年11月20日在罗纳德·里根大厦暨国际贸易中心对媒体所做简述的脚本，见www.dni.gov/interviews/20081120_interview.pdf；以及马修·伯罗斯于2008年11月21日在华盛顿外国记者中心所做简述的脚本，见www.dni.gov/interviews/20081121_interview.pdf。

[2] 原注：National Intelligence Council, *Global Trends 2010*, November 1997. 报告和编写说明参见www.dni.gov/nic/special_globaltrends2010.html。国务院情报研究局的研究报告是涉密文件。

[3] 原注：参见John C. Gannon, “Intelligence Challenges for the Next Generation,” Remarks to the World Affairs Council, Washington DC, June 4, 1998, at www.fas.org/irp/cia/product/ddi_speech_060598.html。

二次努力的预测性较少，而是更有效地利用情景，帮助分析人员和读者思考问题和关系。[1]

2004 年我们筹备第三个版本时，我们对目标受众、我们的目标以及如何实现目标有了更清晰的认识。我们在 12 月出版了《2020 年全球趋势》，以便在新一届政府成立之初拿到它，那时官员们会思考在未来 4 年内想要实现的目标。在收件箱海量文件使其无暇思考短期决策如何影响长期发展前，我们想引起他们的注意。这一次，我们扩大了专家范围，远远超出美国本土。我们在五大洲召开了 20 多场研讨会和工作会议，听取美国及外国学者、记者、商界领袖和官员的意见。情报分析人员在起草最终报告时广泛借鉴了这些会议的观点。[2]

《2020 年全球趋势》的出版及其制作方式，其影响远远超出了我们的预期。我们从外国撰稿人那里获得了理解和洞察力，但同样重要的是，让数百名非美国公民参与这一过程，使他们对该产品产生了兴趣，并鼓励他们在自己的国家使用该产品。这一版本被翻译成多种语言，被世界各地的大学课程广泛采用，并成为许多国家长期政策审议的出发点。其他国家也从我们所学到的东西中受益。许多国家承认，单凭一己之力难以望其项背。然而，有趣的是，许多第一次接触《全球趋势》工作的人将其解释为对美国认为将要发生的事情的预测，或者更加耸人听闻地解读成，美国希望在未来 15 年内发生什么。后一种解释特别引人注目，因为其中一种设想是“圣战者”获胜，并在中东建立一个新的哈里发国家。[3] 我很难理

---

[1] 原注：National Intelligence Council, *Global Trends 2015: A Dialogue about the Future with Nongovernment Experts*, December 2000, available at www.dni.gov/nic/NIC_globaltrend2015.html.

[2] 原注：National Intelligence Council, “Mapping the Global Future: Report of the National Intelligence Council’s 2020 Project,” December 2004, at www.dni.gov/nic/NIC_globaltrend2020.html.

[3] 原注：摘自“Fictional Scenario: A New Caliphate” is on pages 83–92。

解，怎么会有人把这种发人深省的设想，解读为华盛顿希望看到的结果。

2007 年年末，我们几个人再次坐下来确定我们想要完成的任务，以及如何制作《全球趋势》第四版，我们意识到我们拥有前所未有的机会、经验和愿意参与的人。我们知道，2008 年选举，无论谁胜出，都将导致高级官员几乎全部换届。我们认为这是一个难得的机会，可以帮助高级别决策者了解长期趋势，并制定他们的议题。以我的经验，新政府成立之初是官员为数不多的有时间和兴趣进行战略思考的时候。我们决心抓住这个机会窗口。此外，我们从《2020 年全球趋势》的经验中了解到，非美国人可以贡献极大力量，同时他们可以受到我们对未来展望的影响。这为负责制作《2025 年全球趋势》的美国人，与来自许多国家有影响力的人进行集中对话提供了一个机会，就被认为最重要的问题展开讨论。这反过来又为合作解决这些问题和其他问题创造了机会。《2025 年全球趋势》已被翻译成中文、韩文，可能还有其他语言。我和我美国国家情报委员会的前同事为此在美国和世界各地做了几十次公开演讲。[1]

我们在编写《2025 年全球趋势》的程序上做了一项重大改变。这一次，我们邀请美国和非美国的撰稿人就报告草稿发表意见。与以前一样，我们通过各种会议、研讨会和委托研究来征求意见。但这一次，我们还将草案发布在专门的网站上，邀请大家继续交流，以确保我们对要点进行了

---

[1] 原注：例如，参见“Remarks and Q and A by the Deputy Director of National Intelligence for Analysis and Chairman, National Intelligence Council Dr. Thomas Fingar,” The Atlantic Council, Washington, DC, November 20, 2008, at www.dni.gov/speeches/20081120_speech.pdf；以及 Thomas Fingar, “Challenges and Choices: Drivers and Decisions That Will Shape Our Future,” Merida, Spain, November 11, 2009, published in Spanish with the title “Desafios y alternativa: Factores y decisiones que determinaran nuestro futuro” in Jose Felix Tezanos, ed., *Incertidumbres, Retos y Potencialidades Del Siglo XXI: Grandes Tendencias Internacionales*（Madrid: Editorial Sistema, 2010）, pp. 13–29。我还就《2025 年全球趋势》在卡塔尔、韩国、中国和印度尼西亚发表过讲话。

正确解读，探寻替代判断，并确保我们有效地传达判断。[1] 这个过程是有效的。我们制作了更好的产品，并在世界各地有影响力的人士中建立了对该项目的兴趣和支持。

在简要评论报告的一些结论之前，我想指出关于过程和目的的另外两点。第一点，《2025 年全球趋势》并未预测将会发生什么，而是对十几种趋势进行描述，这些趋势很可能会推动、塑造或制约某些个人、公司、国家甚至整个国际体系的行动。它们并不是唯一重要的趋势，而且可以肯定的是，对于所研究的因素，我们并没有达到完全正确了解。但至少，我们所研究的趋势和驱动因素，能反映出许多国家的外交政策精英对未来的预期，而他们已经开始将这些因素纳入自己的计划和政策选项之中。[2] 在某些方面，感知到的现实可能比现实本身更重要，因为许多参与者将根据我们在《2025 年全球趋势》中捕捉到的“现实”采取行动。其中一些趋势似乎会引发或加剧竞争或冲突，但许多趋势也创造了良好的合作机会，并为单边或协同行动提供了充分的准备时间。

第二点，《2025 年全球趋势》并没有提供解决上述发展的路线图或方法。我们的目的是告知政府官员应该考虑什么，而不是应该做什么。实际上，它传达的信息是：“以下是我们判断会在未来 15 年内发生的重要趋势。如果你喜欢它们的发展方向，就应该制定政策来保持其预期的轨迹。如果你不喜欢它们的发展方向，现在就应该考虑如何将它们扭转至更有利的方向。你所制定的政策议程的最终成功，将与我们确定的趋势交互影响。如何行动由你决定。”

避开政策建议的决定很容易做出，因为职业道德要求情报界不得进行

[1] 原注：关于这一过程的更多信息，可参见国家情报委员会网站 www.dni.gov/nic/NIC_2025_project.html。

[2] 原注：欧盟和大西洋理事会（Atlantic Council）已与美国国家情报委员会就如何开展以欧洲为重心的类似项目进行磋商，许多中国组织也就如何将中国的崛起置于更广泛全球背景下的项目向我提出咨询。

政策宣传。当然，这并不意味着撰写报告的个人没有考虑过是否或如何利用或试图改变我们发现的趋势。我们考虑过，当然，我也考虑过。然而，就像大多数时候一样，我认为我们做得很好，使趋势分析不受个人试图以特定方式扭转它们的影响。话虽如此，我认为，如果没有人就下一步要做什么征询我们的意见，我们这些深入参与项目的人会感到失望。我可以向你保证，我和《2025 年全球趋势》项目总监马修·伯罗斯向当选总统奥巴马介绍我们的调查结论时，当他询问我们对报告中讨论的某些问题和趋势的看法时，我们没有拒绝回答。

《2025 年全球趋势》与之前三个版本一样，旨在激发对未来的讨论、辩论和战略思考。有人将其定性为对美国衰落的悲观预测，以及对半个世纪以来促进和平与繁荣的全球机构不可阻挡的侵蚀。[1] 其他人只关注其中的一项或几项结论。[2] 还有一些人对报告的判断格外注意，即未来既非不

[1] 原注：例如，参见 Michael T. Klare, "Welcome to 2025: American Preeminence Ends Fifteen Years Early," *The Nation*, October 27, 2009, at www.thenation.com/doc/20091109/klare；Alan Silverleib, "U.S. Power, Influence Will Decline in Future, Report Says," CNNPolitics.com, November 20, 2008, at http://edition.cnn.com/2008/POLITICS/11/20/global.trends.report/；Scott Shane, "Global Forecast by American Intelligence Expects Al Qaeda's Appeal to Falter," *New York Times*, November 21, 2008, at www.nytimes.com/2008/11/21/world/21intel.html；以及 Alex Spillius, "U.S. Influence to Decline, NIC Intelligence Report Predicts," Telegraph.co.uk, November 20, 2008, at www.telegraph.co.uk/news/worldnews/northamerica/usa/barackobama/3492802/US-influence-to-decline-NIC-intelligence-report-predicts.html。

[2] 原注：参见 *Global Trends 2025: A Transformed World*（Excerpts）, *Energy Bulletin*, November 23, 2008, at www.energybulletin.net/node/47283；"EU Will Be Globally Weak 'Hobbled Giant' by 2025: Report," *Deutsche Welle*, November 21, 2008, at www.dw-world.de/dw/article/0,2144,3810535,00.html；以及 Mridul Chadha, "NIC *Global Trends 2025* Report: World to See Economic Growth at the Cost of Environment and Human Life," *Red, Green and Blue*, December 29, 2008, at http://redgreenandblue.org/2008/12/29/nic-global-trends-2025-report-world-to-see-economic-growth-at-the-cost-of-environment-and-human-life/。

可避免，也非不可改变。[1] 我上次在谷歌搜索《2025 年全球趋势》时，得到近 17.6 万个结果。撇开其他不谈，我们确实激发了讨论。引发美国政府以外的人士讨论我们所讨论的问题，是件好事，但我们的主要受众当然是即将组建的政府和华盛顿职业官员。我可以很自信地说，该报告已被阅读和讨论，并将继续作为讨论和决策的参照系。

如前所述，《全球趋势》系列报告的目的是确定可能制约或挑战世界各国决策者的趋势或驱动因素。报告中讨论的因素不会决定未来，但它们可以通过某些途径塑造未来，如限制（或扩大）各种选择、吸引领导层的注意和动用其他有限的资源，以及创造有利于冲突或合作的条件等。这些因素已经存在，并将有助于塑造未来，但其影响有赖于政治、经济、社会和技术领导人的决定。换句话说，它们将有助于制定或塑造决策者的议程，但对未来事件进程影响最大的是决策，而不是驱动因素本身。[2] 下文将总结《2025 年全球趋势》讨论的关键因素。提醒读者，它们是塑造未来的趋势和驱动力，而不是对未来将是什么样的预测。

我们期望继续发展的长期趋势之一，涉及全球化背景下的一组事态的发展。我们预计，全球化将继续下去，尽管速度可能比 2008 年经济衰退之前有所减缓，而且全球化将继续促进前所未有的繁荣，并加剧日益严重的不平等。更多人会变得更加富有，但贫富差距也将扩大。[3]

与全球化有关但也有其他动力和驱动因素的发展，包括巴西、俄罗斯、印度和中国（“金砖四国”）以及其他一些国家的崛起。该报告预计，

---

[1] 原注：例如“Global Trends 2025,” *Enterprise Resilience Management Blog*, November 21, 2008, at http://enterpriseresilienceblog.typepad.com/enterprise_resilience_man/2008/11/global-trends-2025.html；以及 Jacquelyn S. Porth, “World’s Best Thinkers Predict Resource Scarcity in 2025,” *America.gov*, November 21, 2008, available at www.america.gov/st/peacesec-english/2008/November/20081121160210sjhtrop0.327984.html。

[2] 原注：关于 *Global Trends 2025* 的讨论，参见 Christopher Layne, “The Waning of U.S. Hegemony: Myth or Reality?” *International Security,* 34:1（Summer 2009）, 147–172。

[3] 原注：*Global Trends 2025*, 6–14.

下一波崛起的国家将包括印度尼西亚、土耳其，可能还有伊朗。[1] 新兴大国的崛起，以及全球金融危机所反映出的现有多边机制的弱点，突出表明第二次世界大战后使全球化成为可能的机构之效力在下降，以及“金砖四国”和其他受益于当前国际秩序的国家在崛起。但是，这一国际秩序——联合国、世界银行和其他多边金融机构、为威慑或击败一个已不复存在的国家（苏联）而竭诚联盟，以及诸如《核不扩散条约》（*Nuclear Non-proliferation Treaty*）等众多控制机制，已显出老态。它是在不同的时代形成的，以管理一个与今天截然不同的世界。[2]

这些机构以及它们所促成的全球秩序，越来越需要改革、重组或替换。重塑全球秩序将比 20 世纪 40 年代困难得多，因为平等和民主参与的准则意味着，大多数国家都将要求在谈判桌上获得一席之地。美国仍将是最强大的国家，但是美国和其他国家之间的差距正在缩小。我们没有衰落，我们从其他国家的崛起中获得巨大的利益，但我们不再是“自由世界”无可争议的领导者。对全球秩序进行重大变革的必要性日益突显，但受益于现状的主要参与者——新兴大国，并不急于改变现状，因为任何替代秩序都会要求他们承担更大的责任。没有他们的积极参与，变革将不可能实现，但他们有强烈的动机延长当前的秩序，即美国是和平与繁荣的最终保障者，而其他国家可以尽可能长时间地免费搭乘。

在本节最后，我将简要提一下另外 4 个趋势。第一个是人口。从 2008 年到 2025 年，全球人口将增加 12 亿。其中西方国家的增长不到 3%，包括美国、欧洲、加拿大、澳大利亚，再加上日本和韩国。最发达国家将面临人口老龄化带来的巨大挑战。世界其他地区必须应对年轻人口的急剧膨胀。预计增长的大部分将发生在非洲、中亚和中美洲，目前这些地区的政府已经难以满足预期增长的要求。年轻人口激增势必增加

[1] 原注：*Global Trends 2025*, 28–37.

[2] 原注：*Global Trends 2025*, 60–98.

对教育、就业和机会的需求，已在苦苦挣扎的政府很可能无法满足。[1] 此外，全球气候变化引起或加剧的变化也会产生最初影响，科学家预计这些影响将在 2025 年至 2030 年显现。其中包括气候模式改变，这将加剧某些地方的缺水和另一些地方的洪涝，给已处于温饱线地区的粮食供应带来压力。[2] 令人高兴的是，极端主义意识形态的吸引力将继续下降，恐怖分子和恐怖组织的数目也将减少。然而，由于生物工程的进步，使用致命生物制剂的可能性将提高，恐怖袭击的潜在杀伤力将会相应增加。[3] 全球化促进的增长还将增加对能源和其他资源的需求，为了确保获得这些需求，可能会引发价格上涨，并有可能发生冲突。[4] 这将推动开发更环保的技术手段，但 15 年内无法实现向以碳氢化合物替代品为基础的能源系统的过渡。[5]

全球气候变化的地缘政治影响

《2025 年全球趋势》是一个自主发起的项目。没有人要求我们做这个项目，没有人告诉我们要解决什么问题，也没有人强迫我们在准备好前就拿出结论。在这些方面和其他方面，它确实是独一无二的（例如，它受到国会两党议员的积极欢迎）。而几个月前我们编写的关于全球气候变化引发地缘政治影响的《国家情报评定》，则有着截然不同的历史和接受

---

[1] 原注：*Global Trends 2025*, 18–26.

[2] 原注：*Global Trends 2025*, 51–59. 同时可参见 Statement for the Record of Dr. Thomas Fingar, National Intelligence Assessment on the National Security Implications of Global Climate Change to 2030, House Permanent Select Committee on Intelligence and House Select Committee on Energy Independence and Global Warming, June 28, 2008, at www.dni.gov/testimonies/20080625_testimony.pdf。

[3] 原注：*Global Trends 2025*, 68–74.

[4] 原注：*Global Trends 2025*, 63–68.

[5] 原注：*Global Trends 2025*, 41–45.

度。顺便说一下，“国家情报评定”作为术语，对认知者很重要，对其他人来说却毫无意义。简单说，《国家情报评定》和更知名的《国家情报评估》之间的区别是，《国家情报评定》针对的是那些遥远的未来问题，或者是没有什么情报支撑的问题，因此更像是扩展的思考文章，而不是评估分析。《国家情报评定》更多地依赖于精心阐述的假定，而不是既定事实。

早在 2006 年年末到 2007 年年初，国会就催促我们制作一份关于全球气候变化的《国家情报评估》，我也许应该将其看作一种成就。[1] 这是因为我在 2005 年中期就任分析事务国家情报副总监和国家情报委员会主席之后，将提高分析质量，尤其是《国家情报评估》的质量，以及恢复对情报分析工作质量的信心，作为我的最高优先事项。到 2007 年，我们重新赢得越来越多成员的信任，他们开始要求提供《国家情报评估》，对重要问题进行可靠和客观的分析，他们是这样说的。其中很多请求来自民主党人，他们可能还有另外的动机，即把《国家情报评估》当作抨击政府的工具，这是另外的故事。在这里，我想重点谈谈气候变化。我要讲的故事的简要背景是，气候变化是否正在发生；在多大程度上是由人类活动造成的；美国是否因为在应对全球变暖的重要性上，与盟友步调不一致而付出高昂的代价；以及一系列其他政治色彩浓厚的问题，为美国国家情报委员会针对气候变化编制一份《国家情报评估》的最初请求提供了背景。另一个因素是，前副总统阿尔·戈尔关于全球变暖的书籍和纪录片《难以忽视的真相》的发行及其引发的反响。[2]

为了讲述这个故事，我将把与几位议员和工作人员的对话压缩成一组简单的虚拟交流，这些交流准确地反映了对话：

---

[1] 原注：参见 Richard A. Best Jr., “Intelligence Estimates: How Useful to Congress,” Congressional Research Service, updated December 14, 2007, at www.fas.org/sgp/crs/intel/RL33733.pdf；特别参见 CRS-5。

[2] 原注：Al Gore, *An Inconvenient Truth: The Planetary Emergency of Global Warming and What We Can Do about It* (New York: Rodale, 2006).

议员：我们需要一份关于气候变化的评估。

我：我们不做气候变化评估；请找美国国家海洋和大气管理局（National Oceanic and Atmospheric Administration, NOAA）或国家科学院（National Academy of Sciences）。

议员：但是我们信任你，知道我们会得到一份客观的评估报告。

我：谢谢，但是国家情报委员会对气候科学一无所知。

议员：但是我们信任你，而且国家情报委员会确实会分析地缘政治发展，对吗？

我：没错，但是我们仍然没有关于气候变化的专业知识。

议员：好吧，那就制作一份关于全球气候变化地缘政治的《国家情报评估》。

她信任我。国会最终命令我们对全球气候变化的地缘政治影响进行评估。[1] 我们的第一步是决定如何说一些有意义的话，同时又不至于因为误解科学，或过分深入政治雷区而使自己丢脸。

尽管前景黯淡，但我们很快发现，制作《国家情报评定》对从事这项工作的人来说，具有很高的教育意义，而且它有可能激发对美国未来在很多领域政策的思考。在这里，我论述的重点依旧是过程和目的，而不是报

[1] 原注：编制《国家情报评估》的指令见 Section 407 of HR 2082, Intelligence Authorization Act for Fiscal Year 2008。该法案于 2007 年 2 月 13 日在国会参众两院通过，但在 2008 年 3 月 8 日被总统否决。要求对全球气候变化的地缘政治影响做出评估并不是否决的理由。参见 H.R. 2082 [Report No. 110-131] at www.fas.org/irp/congress/2007_cr/hr2082.html； “H.R. 2082: Intelligence Authorization Act for Fiscal Year 2008” at www.govtrack.us/congress/bill.xpd?bill=h110-2082； “Statement of Administration Policy: H.R. 2082—Intelligence Authorization Act for Fiscal Year 2008,” December 11, 2007, at www.docstoc.com/docs/5791914/HR-2082-%C2%AD-Intelligence-Authorization-Act-for-Fiscal-Year; and Best, 5。

告的实质内容。《国家情报评定》仍然是保密的，但除了可能遭遇或无力应对气候变化引发问题的国家国名之外，实质性内容可以在我 2008 年 6 月提交国会报告的非机密声明中找到。[1]

我们的第一项挑战是建立一条科学基线。由于无法对气候科学做出独立判断，我们首先请气候科学专家提供一份总体评估，从现在到 2030 年，哪些地区和国家可能遭受气候变化的相对重创。由于缺乏相应的专业知识，我们请来全球变化联合研究所（Joint Global Change Research Institute, JGCRI）的专家。该研究所由马里兰大学和美国能源部太平洋西北国家实验室共同组建。为开发我们所需的科学场景设置，他们使用了政府间气候变化专门委员会（Intergovernmental Panel on Climate Change, IPCC）的最新报告和随后发表的同行评审材料。我们还向美国气候变化科学计划（U.S. Climate Change Science Program）征求了有关场景设置的意见。以此为出发点，我们设问："如果这些预测是正确的，那么从现在到 2030 年，会产生什么影响？"我们选择 2030 年作为结点，是因为更加长远的预测需要太多政治、经济、社会凝聚力和其他变量的假设，才能做出自信的判断。此外，科学家似乎一致认为，从现在到 2030 年，任何事情都无法改变气候变化的影响。这一点已经注定了。

下一项挑战是询问在全球层面预测的影响，在具体区域、国家和地区将如何感受到。我们寻求哥伦比亚大学国际地球科学信息网络中心（Columbia University's Center for International Earth Science Information Network, CIESIN）的帮助，以开发关于缺水、气候脆弱性（climate vulnerability）和海平面上升等方面的国别数据。此外，我们发现，在国家和地区层面开展工作，需要比许多国家所能得到的信息更细微、更详细。我们将这一"情报空白"或信息需求传达给其他致力于气候变化的美国政府组织。这些不足之处可以通过重新处理现有数据来解决，至少

[1] 原注：Fingar, National Security Implications of Global Climate Change.

是部分解决，但我们的评估表明，如果要制定适当的对策，我们必须搜集更多的数据。

我们在这一阶段的研究目标是确定哪些地方、人民和政治制度会在研究期间受到气候变化的影响；哪个方面会首先受到影响；哪个方面受到的影响最严重；哪些地方面临风险的人口数量最多或贫困程度最高，诸如此类。为了使这项任务更易于管理，我们把重点放在水、粮食生产和气候模式变化上。数据问题使这一阶段的结果存在一些问题，但我们确定，我们的结果已经是一段时间内能拥有的最好结果。这是一种熟悉的状况，因为情报业务总在处理模糊和不确定的数据。关键是要有效地传达我们结果的不确定性和局限性。

在整合独立研究的结果以获得气候变化相对影响的综合图后，我们开始发现哪些受气候变化影响的地区有足够的经济、技术和政府资源来处理相关问题，而哪些地区可能被额外的挑战所压垮。然后，我们召集国家和地区的专家组，请他们回答一些有关政府和社会应对气候变化挑战能力的问题。这显然是一项主观的工作，但我们咨询了众多专家，综合他们的判断，得出一个粗略的脆弱性矩阵。直到那时，我们才提出关于气候变化影响、政府应对机制、为躲避干旱而可能发生的人口流动，以及其他可能影响美国和美国利益之因素的问题。

结果是一项开创性研究，确定了数据搜集的领域，对新的或改良的分析方法的需求，以及开始与官员对话的机会，为集体行动铺平了道路。我们将部分结果纳入《2025 年全球趋势》项目，但我们也让来自国防部、国务院、美国国际开发署（USAID）和其他机构的众多美国官员注意到这些成果，以便他们能够开始制定战略和计划，来处理我们确定的后果。我们希望为以下决策提供情报支持：援助应该以公平的名义广泛分配，还是集中给最有利的地方？美国和（或）协同努力应该集中给最需要帮助的政府（因为他们的能力非常有限），还是给那些最有可能有效利用援助的政府？援助工作应该集中给最先受到影响的地区、人口最脆弱的地区，还是给最有可能向其他国家蔓延的地区？这样的问题清单可以很容易地扩展，但关键是资源有限，媒体会关注具体的状况，美国国内选民会为他们的家乡或同信仰人士寻求帮助，以及许多其他现实因素将使如何应对的决策异常复杂，除非尽早进行认真对待。我们希望《国家情报评定》能够激发这种战略思维。

事实证明，关于气候变化对地缘政治影响的《国家情报评定》是一项有用的、有影响力的研究。我承认，我们的工作让我感到自豪。但要记住，《国家情报评定》的需求主要是出于政治原因，因此刚一完成就陷入了争议。这个问题与方法论或实质性结果无关，完全是一场政治游戏。第一个问题是保密。由于副总统戈尔的书籍和纪录片增加了人们对全球变暖问题的关注，要求情报界制作非机密研究结果的呼声越来越高。这一要求不无道理。毕竟，所使用的信息几乎都不是机密。但使用机密信息并不是限制获取国家情报委员会或美国政府其他产品的唯一原因。我反对解密这份报告出于两个原因。第一个原因是不希望公布我们认为最无力应对气候变化影响的国家、政府和群体的名字，这将使制定应对策略的外交努力更复杂。我认为，美国官员最好在遭受可预见的额外压力之前，制定一项战略，来解决上述段落中所说明的问题。我还想避免使其他问题的谈判变得复杂，因为这似乎是在侮辱那些美国目前正与之谈判国家的能力，并涉及美国公司正在寻求投资及其他形式参与的地方。第二个原因是，在我们预测所产生影响超出其政府应对能力的国家，我不想打响逃亡的第一枪。坦率地说，我不想在各国有机会制定战略和机制，使人民留在或离开特定地区之前，引发人口外流。在国会中与我争论的官员大都理解这一逻辑，但他们想玩一个不同的游戏。

我的提议以及提供非机密证词并没有解决问题，实际上，还使情况变得更糟。民主党人和一些共和党人希望解密评估报告，以促使更加迫切地关注报告中指出的问题。共和党人希望它被解密，以支持他们的主张，即民主党人愚蠢地转移情报资源，进行一项不包括任何情报的研究，而这项研究本应由其他机构承担。[1] 在我回忆起与一位国会议员那次难忘的公开交流时，我不得不面露微笑。议员要求知道，为什么我允许使用情报界资源，编制一份关于气候变化的《国家情报评估》（他对我之前提到的区别不感兴趣）。我很高兴能够回答："因为国会指示我这样做。"[2]

"伊朗核意图及核能力"

最后，我再用一个例子，简要说明情报如何帮助官员应对并塑造未来。这个例子来自关于"伊朗核意图及核能力"的有高度争议的 2007 年《国家情报评估》。该报告之所以引起争议，部分原因在于白宫指示情报界公开该报告关键判断（key judgement）的非机密版本，却拒绝对下令公开该报告负责。[3] 右翼和左翼的批评者谴责或赞扬该报告是情报界（或者说，许多评论认为是我）蓄意破坏政府对伊朗的打击计划。[4] 这

[1] 原注：参见"Sparks Fly at Joint Hearing on National Intelligence Assessment of Climate Change's National Security Implications," June 26, 2008, at http://newsecuritybeat.blogspot.com/2008/06/sparks-fly-at-joint-hearing-on-national.html；以及 John Wihbey, "Covering Climate Change as a National Security Issue," The Yale Forum on Climate Change and the Media, July 17, 2008, at www.yaleclimatemediaforum.org/2008/07/covering-climate-change-as-a-national-security-issue/。

[2] 原注：由于总统否决了授权对全球气候变化的地缘政治影响进行评估的立法，严格来说，情报界不需要这样做。这是一个政治头脑明显胜过法律要求的案例。国会参众两院都要求进行这项研究，如果我们无视他们的指令，那将是愚蠢的，特别是因为总统的否决通知书并没有提到这项规定。

[3] 原注：参见第 6 章。

[4] 原注：撰写本文时，我在谷歌搜索 *2007 Estimate on Iran's Nuclear Intentions and Capabilities*，得到 2.6 万多个条目。有代表性的评论包括"'High Confidence' Games," *The Wall Street Journal*, December 5, 2007, at http://online.wsj.com/article/SB119682320187314033.html?mod+opinion_main_review_and_outlooks；John R. Bolton, "The Flaws in the Iran

一插曲将在第 6 章中展开。我在这里要做的是利用这一事实，即该评估的一小部分已经解密（约 140 页中的 3 页，近 1500 条引文来源没有提及一条），使我有可能公开谈论它。[1]

这一评估将在第 5 章和第 6 章中详述，在此，我只重点讨论旨在帮助决策者塑造未来的两条结论。其中一条结论，实际上是一组结论，试图回答“伊朗拥有核武器还要多久”的问题。这是讨论“我们还有多长时间解决这一问题”的另一种方式。伊朗核弹的前景及其对地区稳定和全球核不扩散努力带来的有害后果，早在我们编制这一评估报告前就已经引起了高度重视，但在回答这些问题之前，我将用这个例子来说明更广泛的问题。根据我的经验，大多数决策者都会自问，也常常询问他们的情报支持团队，报告或预测的事态发展是否需要他们立即采取行动，还是可以推迟，等他们将更紧迫的问题或其政策议程中更有吸引力的部分处理完成。这是一种自然与合理的做法。为了弥补这一点，情报界有一种内在的倾向，在恐怖主义等问题上，最近又强化了这一倾向，即强调、夸大或“炒作”调查结果，以引起人们的注意，并使情报界免于被指责没有提供足够的预警。我顺便指出，这一倾向是 2002 年伊拉克大规模杀伤性武器评估出现错误的原因之一。[2]

Report,” *Washington Post*, December 6, 2007, at www.washingtonpost.com/wp-dyn/content/article/2007/12/05/AR2007120502234.html；以及 Justin Raimondo, “Antiwar.com’s Man of the Year: Thomas Fingar. He Stopped the War Party Almost Single-Handedly,” at www.antiwar.com/justin/?articleid=12088。也可参见 Tony Karon, “Spinning the NIE Iran Report,” *Time*, December 5, 2007, at www.time.com/time/world/srticle/0,8599,1691249,00.html；以及 Greg Simmons, “Bush Administration Credibility Suffers after Iran NIE Report,” *Fox News*, December 7, 2007, at www.foxnews.com/printer_friendlystory/0,3566,315742,00.html。

[1] 原注：2007 年 11 月，解密的“伊朗核意图及核能力”关键判断，参见 www.dni.gov/press_releases/20071203_release.pdf。

[2] 原注：第 6 章讨论了题为“Iraq’s Continuing Programs for Weapons of Mass Destruction”的 2002 年《国家情报评估》的不足和教训。

生产核装置或核武器的速度要素是获取足够的裂变材料。这份评估的信息很明确 :“你们有一定时间，但并不多。”关键判断表明，我们有中高度的信心相信，伊朗没有从外部来源获得足够的裂变材料，因此其获取裂变材料最快的途径是使用离心机进行铀浓缩。《国家情报评估》认为，伊朗可能在 2009 年年底这样做，但可能性很小。我们判断，伊朗更有可能在“2010—2015 年的某个时候”这样做。评估的解密部分没有涉及伊朗将高浓缩铀转化为武器需要多久，但机密文本涉及了。我在此可以说的是，我们判断伊朗具备科学、技术和工业能力来生产核弹，只要伊朗决定这样做。

与这次讨论直接相关的第二条结论是，伊朗在 2003 年停止了其核计划的武器化部分，以应对国际压力和国际审查。报告将这一事态发展解读为成本收益法的展示，表明 2003 年的外交努力是有效的，并且可能依然是阻止伊朗获得核武器的有效手段。换句话说，评估旨在传达给决策者的信息是 :“你没有太多的时间，但你似乎有外交或非军事的选择。”在这一评估发表之前，情报界以及许多专家和决策者的判断是，几乎没有机会阻止伊朗寻求核武器，只有动用武力（军事选择）才能阻止德黑兰获得核武器。评估还判断并明确指出，伊朗至少保留了寻求核武器的选择，是否这样做将是一个随时可能做出的政治决定。

这些判断如何被解释为否定伊朗核活动是一个重大问题的观点，我仍然感到困惑。但我想在这里说明的是，除了许多其他事情外，《国家情报评估》还为决策者提供时间线、紧迫感以及解决这一问题的替代方法。我们帮助他们预测和塑造未来。

第5章
评估分析：是什么，不是什么，如何阅读

情报界的很多工作都涉及评估分析，因为要解决的许多问题，以及所有重要问题，都有未知或不确定的答案。最广为人知、讨论最多和最容易被误解的评估分析当属《国家情报评估》。《国家情报评估》已有60多年历史，许多较早的《国家情报评估》已被解密并出版。[1] 少数，从总体来看，极少数因为错误的判断或使用不好的技术而变得声名狼藉，但大多数都相当不错。[2]“相当不错”，不应被解读为贬低其效用。大多数都平淡无

[1] 原注：数百份解密的评估可以通过国家情报总监网站的国家情报委员会网页查看，www.dni.gov/nic/NIC_home.html。

[2] 原注：最臭名昭著，当然也是最受抨击的评估报告是题为“Iraq's Continuing Programs for Weapons of Mass Destruction”的2002年《国家情报评估》。第6章详细分析了这一《国家情报评估》的不足和教训。对这一《国家情报评估》及其使用的技术两个最详细的批评，分别是U.S. Congress, Senate, Select Committee on Intelligence, Report on Postwar Findings About Iraq's WMD Programs and Links to Terrorism and How they Compare with Prewar Assessments (hereafter SSCI Report), September 8, 2006, at http://intelligence.senate.gov/phaseiiaccuracy.pdf，以及Report of the Commission on the Intelligence Capabilities of the United States Regarding Weapons of Mass Destruction (hereafter WMD Commission), March 31, 2005, at http://fas.org/irp/offdocs/wmd_report.pdf。更早的一个例子，参见“The Military Buildup in Cuba”, Special National Intelligence Estimate 85-3-62, September 19, 1962，该评

奇，很少有理论上的突破。在大多数情况下，它们所做的是搜集对决策者重要之问题的现有证据，寻找更多信息弥补“情报空白”，并解读证据，以尽可能准确地描述当前局势。它们还查明事态发展的方向，明确决定事态发展速度和轨迹的因素，并阐述其他可能性、潜在的变化预兆以及美国决策者塑造事态发展进程的可能机会。大多数时候，它们在很大程度上证实或验证处理这些事务的人已经知道，或认为他们已经知道关于这个主题的情况。

虽然它们没有提出新的发现或理论上的突破，但这并不意味着它们无关紧要或毫无用处。相反，对已上升到美国外交政策议程首位的问题提出验证性的第二意见，过去是、现在仍然是对决策过程的重要贡献。此外，《国家情报评估》对那些处理问题的人来说没有意外，这表明情报支持的过程正在正常运作。如果负责处理某一问题的官员通过阅读《国家情报评估》，了解到与该问题密切相关的新信息或对该信息的新解读，就出了大问题。如果他们的情报支持团队尽职尽责，且过程正常运作，则在《国家情报评估》获得批准并发布之前，新的信息和见解早已被纳入决策过程。换句话说，《国家情报评估》不是，也不应该是提醒决策者注意新发现的机制。相反，它们是一种“记录在案”的快照，表明情报界对某一特定问

估未能预测苏联在古巴部署中程弹道导弹。例证包括“Investigation of the Preparedness Program”, Interim Report on the Cuban Military Buildup by the Preparedness Investigating Subcommittee, Committee on Armed Services, U.S. Senate, 88th Congress, 1st Session (Washington 1963) (usually called the Stennis Report)；Klaus Knorr, “Failures in National Intelligence Estimates: The Case of the Cuban Missiles,” *World Politics*, 16:3（April 1964）, 455–467, at www.jstor.org/stable/2009582?seq=1；而对《国家情报评估》过程的批评一般侧重于伊朗国王的倒台事件，载于 U.S. Congress, House, Subcommittee on Evaluation, Permanent Select Committee on Intelligence, Iran: Evaluation of U.S. Intelligence Performance Prior to November 1978, 96th Congress, 1st Session, 1979, Committee Print. Washington, DC: US Government Printing Office, 1979。更多有关情报界，特别是中情局，针对伊朗国王倒台前的事态发展分析，参见 Robert Jervis, *Why Intelligence Fails: Lessons from the Iranian Revolution and the Iraq War*（Ithaca, NY: Cornell University Press, 2010）, Chapter 2。

题或一组问题的思考。正如下面几页所阐述的，在许多方面，编制《国家情报评估》的过程比这一过程产生的产品更重要。

大部分《国家情报评估》的读者总数很少，而且大多数阅读它们的人都不是美国政府的高级决策者。这一点已被说过很多次，并且常常附带着建议：它们应作为一种艺术形式被放弃。[1] 我不同意这一建议（见以下的讨论），我想在此说明的一点是，评估分析（包括但不限于《国家情报评估》）作为独立产品，其影响力可能不如用于编写一些具有影响力和权威性的行政声明和（或）美国政府对重要问题看法的声明。一种声明形式是"备案声明"和应国会要求准备的"备案问题"的答复。许多这样的产品备有机密版本和非机密版本，在很多时候，它们的阅读和解析比在它们编制过程中使用的《国家情报评估》和其他产品更严密。其他类型的美国政府声明是以《国家情报评估》和其他评估产品所反映的判断为依据的，包括行政部门官员的讲话，这些讲话提供信息背景，以解释或证明旨在通知或影响其他国家的政策决定和外交决策。此类声明很少明确提及所参考的评估产品，但大多数都经过仔细审查，以确保其所说的与情报界的结论一致。决策者可以（偶尔也会）表明与情报界判断不同的立场。然而，系统运转正常时，他们知道如果国会议员或其他行政部门官员提出要求，情报界会做出不同的判断。[2]

---

[1] 原注：参见 Kenneth Lieberthal, *The U.S. Intelligence Community and Foreign Policy: Getting Analysis Right*（Washington, DC: Brookings, 2009）, 12–16；以及 Mark M. Lowenthal, "He Blames the Israel Lobby. But the Job Wasn't Worth It," *The Washington Post*, March 15, 2009, at www.washingtonpost.com/wp-dyn/content/article/2009/03/13/AR2009031302096.html。

[2] 原注：在行政部门官员发表的讲话中，阐述了情报界不认同的判断，其中被报道最多的一个例子涉及美国副国务卿约翰·博尔顿（John Bolton）对古巴生物战能力的描述。例如，参见 Douglas Jehl, "Released E-Mail Exchanges Reveal More Bolton Battles," *New York Times*, April 24, 2005, at http://query.nytimes.com/gst/fullpage.html?res=9C03EEDD1531F937A15757C0A9639C8B63&sec=&spon=&pagewanted=all；以及 Douglas Jehl, "Bolton Asserts

信息量最大、影响力最高的评估产品，或许当属提交给几个国会监督委员会的《年度威胁评估》，为总统预算听证会提供信息。自2006年以来，国家情报总监代表整个情报界提交一份威胁评估分析（包括机密版本和非机密版本）。[1] 与《国家情报评估》相比，《年度威胁评估》不会经由国家情报理事会（National Intelligence Board，NIB）正式“协同”或审查（见下面的讨论），但它们要经过严格的审查，以重新确认或修订以前发布的评估中提出的判断，并确定是否（以及为什么）有机构或分析人员对所引用的判断持有不同意见。这种备案声明是建立在以前编制的《国家情报评估》和其他评估产品的结论基础之上，并将其纳入其中。鉴于它们中的每一个判断都可能受到议员或工作人员的严格审查，以确保与以前提交给国会的机密简报和分析产品相一致，因此编制这些声明的情报分析人员——现在由国家情报委员会主席指导，不厌其烦地解释由于审查和重新评估以前达成的判断而导致的任何判断变化，已成为这一过程的正常组成部分。国会工作人员会仔细阅读这些声明，以便为政府证人准备问题，并获得有助于他们评估政府决策及立法建议的信息和见解。正如预料，这为

Independence on Intelligence,” *New York Times*, May 12, 2005, at http://query.nytimes.com/gst/fullpage.html?res=9401EEDB1030F931A25756C0A9639C8B63&sec=&spon=&pagewanted=2。

[1] 原注：2005年国家情报总监办公室成立之前，《年度威胁评估》（当时称为《全球威胁评估》）由中央情报总监提交，在特定监督委员会的要求下，选定的情报机构负责人，尤其是国防情报局、国务院情报研究局和联邦调查局，也会提交。有关威胁评估非机密版本的代表性资料，参见 Dennis C. Blair, director of national intelligence, “Annual Threat Assessment of the U.S. Intelligence Community for the Senate Select Committee on Intelligence,” February 2, 2010, at www.dni.gov/testimonies/20100202_testimony.pdf；George J. Tenet, Director of Central Intelligence, “DCI Worldwide Threat Briefing 2002: Converging Dangers in a Post 9/11 World,” March 19, 2002, at www.cia.gov/news-information/speeches-testimony/2002/dci_speech_02062002.html；以及 Thomas Fingar, acting assistant secretary of state for intelligence and research, “Statement before the Senate Select Committee on Intelligence Hearing on Current and Projected National Security Threats to the United States,” February 7, 2001, at www.fas.org/irp/congress/2001_hr/s010207f.html。

行政部门官员提供了强大的动力，确保他们理解情报分析人员向国会所说的话。

没有大灯照明的盲开

评估总是有意超出已知或确信的真实情况。如果我们掌握全部事实，也就是说，没有情报空白，就没有必要用评估判断来弥补空白。如果我们“知道”外国决策者在特定条件下会做什么，我们就不必评定或评估他们将如何做出决策以及会做出什么决策。对评估分析，尤其是《国家情报评估》，最常见且最令人沮丧的错误描述是一种倾向，即将其描述并评估为它们似乎是，或者假装是事实陈述，或不合格的预测。前中央情报代理总监约翰·麦克劳林在接受 CNN 采访时非常恰当地阐述了这一点，他说：

《国家情报评估》是一种被广泛误解的艺术形式。一旦这些文件公开，就像这次（关于“伊朗核意图及核能力”的 2007 年《国家情报评估》）一样，它们总被誉为情报机构编制的“最权威”文件。也许是因为这些文件很少公开，批评者和支持者都把这些评估当作刻在石头上的“事实”，就像法庭审判中的证据一样可信。在争论不休的时候，每个人似乎都忘了这些不是事实，而是判断。在最好的情况下，它们是基于大量事实的判断，有关伊朗的最新评估似乎就是这种情况，但事实从来没有完整到可以消除判断中的所有不确定性。[1]

误解和曲解《国家情报评估》是什么、试图做什么、如何阅读，并不

[1] 原注：参见“McLaughlin: NIE Is Not as Decisive as It May Seem,” CNN, December 10, 2007, at http://edition.cnn.com/2007/POLITICS/12/10/mclaughlin.commentary/index.html?iref=allsearch。

限于媒体和有政治动机的权威人士。根据我的经验，情报界许多“用户”，包括行政部门和国会议员，也对评估产品及其编制意图持有错误或者扭曲的观点。遗憾的是，许多情报分析人员至少也有一些误解。[1] 下文试图澄清评估分析的目的和如何“阅读”，并纠正一些最常见的误解。[2]

对于《国家情报评估》是什么（不是什么）的困惑和误解，部分是由于情报界出版物对它们的描述方式造成的。例如，国家情报总监网站上国家情报委员会网页，将《国家情报评估》描述为“国家情报总监对国家安全问题最权威的书面判断”。[3] 同样的描述，出现在一页关于《国家情报评估》及其编制过程说明的开头，该说明与几份新编制的评估中解密的关键判断一起发布。该说明的第一段指出：

> 《国家情报评估》是情报界对国家安全问题最权威的书面判断，旨在帮助美国文职及军事领导人制定保护美国国家安全利益的政策。《国家情报评估》通常提供当前事态信息，但主要是“评估性的”，即它们对未来

[1] 原注：所有分析人员至少在其职业生涯的某些时段和大部分工作中从事评估分析工作，但是他们中的许多人在编制《国家情报评估》方面没有或只有很少的直接经验。人员配置则使情况更加复杂。大约一半的情报分析人员在情报界工作不到 10 年，并且很少有人的职位能让他们直接洞察《国家情报评估》的过程。也就是说，在我担任分析事务国家情报副总监时，我应该更清楚地认识到这种误解，并做更多工作来确保所有分析人员都能了解本文提出的观点。

[2] 原注：谢尔曼 · 肯特（Sherman Kent）关于评估分析的著作比我在这篇文章中所描述的更加详细、更具可操作性，但差异是由强调重点和目标受众不同引起的，不宜过度解读。参见 “Sherman Kent and the Board of National Estimates: Collected Essays,” Central Intelligence Agency, Center for the Study of Intelligence, March 19, 2007, at www.cia.gov/library/center-for-the-study-of-intelligence/csi-publications/books-and-monographs/sherman-kent-and-the-board-of-national-estimates-collected-essays/toc.html。也可参见 Harold P. Ford, *Estimative Intelligence: The Purposes and Problems of National Intelligence Estimates*, revised edition (Lanham, MD: University Press of America, 1993)。

[3] 原注：National Intelligence Council, “NIC Mission,” at www.dni.gov/nic/NIC_about.html.

事件的可能进程做出判断，并确定其对美国政策的影响。[1]

那些报道和批评评估的人通常强调其权威性，而不加以解释。几乎没有人指出或解释它们“主要是‘评估性的’”。[2] 所有评论者所传达的“最具权威性”的含义，都意味着它们的结论是“最可靠的”或“最好的”，甚至是情报界做出的“最准确的”评定。它的实际含义是比较平淡的，甚至有人会说是官僚主义的。评估是情报界“最具权威性”的判断，因为它们是以国家情报总监（2005 年国家情报总监办公室成立前的中央情报总监）的名义发布的。它们之所以被认为具有权威性，还因为它们得到了国家情报理事会（以前称为国家外国情报委员会）的批准，该理事会由情报界所有分析部门的负责人组成。[3] 换句话说，《国家情报评估》之所以具有权威性，是因为它们已经得到所有机构负责人的审核批准，并以情报界高级官员的名义发布。它们并不代表某个单一机构、某个机构的组成部门的意见，也不代表两个或两个以上情报部门分析人员的正式或非正式的协同工作。《国家情报评估》已经传送到行政级别的顶端，每个机构的负责人都要对所做的判断和所使用的技术负责。机构负责人非常认真地履行这一责任，但这样做并不能赋予他们对复杂情况的完美理解

---

[1] 原注：参见“National Intelligence Estimates and the NIE Process,” in the declassified version of the key judgments of “Prospects for Iraq’s Stability: Some Security Progress but Political Reconciliation Elusive,” August 2007, at www.dni.gov/press_releases/20070823_release.pdf。

[2] 原注：参见 Greg Miller, “Bush Goes Public with Terror Study,” *Los Angele Times*, September 27, 2006, at http://articles.latimes.com/2006/sep/27/nation/na-terror27； 以及 Eric Rosenbach and Aki J. Peritz, “National Intelligence Estimates,” Belfer Center for Science and International Affairs, John F. Kennedy School of Government, Harvard University, July 2009, at http://belfercenter.ksg.harvard.edu/publication/19150/national_intelligence_estimates.html。

[3] 原注：国家情报委员会的组成，参见 *Intelligence Community Directive 202: National Intelligence Board* (July 16, 2007)，at www.dni.gov/electronic_reading_room/ICD_202.pdf。

或预见未来的能力。

《国家情报评估》揭示的不是真理或绝对正确的预言。顾名思义，它们是根据情报和整个情报界分析人员的见解和专业知识得出的近似值。它们永远不可能像作为房地产交易一部分编制的结算费用预估数那样准确，因为在后一种情况下，除了少数几个组成部分的费用外，其他费用都是精确已知的，并且在编制时和结束时不会发生变化。众所周知，对建设成本和完工日期的预估是个难题，尽管编制预估的人不必应付情报分析中经常遇到的欺骗、意图不明或其他挑战。[1] 换一种说法，《国家情报评估》不是，也不应该假装只是对事态发展的近似值或预测，这些事态发展无法精确测量，其相互作用的方式未知或不确定，而且可能会因受各种个体、政治或其他影响的人所做的决定，而以不同的方式发展。

大多数情报评估的主要目的是，或者应该是，加强决策者对笼罩在神秘、秘密和谜团中的复杂和有潜在后果之问题的理解。目标是帮助他们预测、推动、改变、避免或改善他们认为理想的、危险的或者破坏性的事态发展。这需要做的不仅仅是演练已知的事实，并逐项列出我们对某一情况尚不了解的事项。大多数致力于解决问题的决策者可能已经知

[1] 原注：因情报界评估不准确而被美国国会议员批评的情报分析人员，可能会喜欢略读国会大厦游客中心的成本增加和项目完工日期的历史。例如，Stephen W. Stathis, “The Capitol Visitors’ Center: An Overview,” Congressional Research Service, updated July 22, 2003, at http://lugar.senate.gov/services/pdf_crs/The_Capitol_Visitors_Center_An_Overview.pdf；Statement of David M. Walker, comptroller general of the United States, “Capitol Visitor Center: Current Status of Schedule and Estimated Cost,” Testimony before the Subcommittee on Legislative, Committee on Appropriations, House of Representatives, July 15, 2003, at www.gao.gov/new.items/d031014t.pdf； 以及 statement of Terrell G. Dorn, “Capitol Visitor Center: Construction Expected to Be Completed within Current Budget Estimate,” Testimony before the Subcommittee on the Legislative Branch, Committee on Appropriations, House of Representatives, July 23, 2009, at www.gao.gov/new.items/d09925t.pdf。在这些报告所述期间，预计费用由 3.513 亿美元增至 6.21 亿美元，完成日期由 2005 年 12 月推迟至 2010 年年初。

晓这一点。他们想要的、需要的和期待的是情报界通过加强搜集和（或）明确阐述有关能力、优先事项和其他未知因素的假设，努力弥补信息空白。评估应该让他们更加清晰地了解可能性空间，在此空间内哪个事件可能发生，是什么在推动或改变事态发展的轨迹，以及一个或多个驱动因素或轨迹正在发生变化的标志可能是什么。评估还应该提供见解，帮助决策者明确他们可以对预测的事态发展做什么，以及他们需要多久时间来解决这个问题。

评估总是涉及不确定性，否则就不会是“评估”，但如何处理不确定性往往是由进行评估的目的决定的。例如，如果要求评估对手的军事力量，就会有一种自然而谨慎的倾向，即高估或做出“最坏情况”的判断，因为为应对最坏情况的可能性而做的准备，几乎能自动地确保击败较小的军事力量。反之，如果低估对手的力量，则可能导致战场上的灾难。一般来说，谨慎的做法是高估潜在对手的力量，并做好相应的准备，但这条一般原则对军事评估比其他规则更有效。事实上，当应用于非军事问题时，最坏情况分析可能毫无帮助，或者适得其反。在大多数情况下，一个更好的方法是用最佳情况和最坏情况的判断，来框定可能性的范围。有两个例子可以说明这一点。

20 世纪 90 年代初，情报分析人员在以下问题上存在巨大分歧：朝鲜是坚定不移地致力于获取核武器，还是愿意通过谈判放弃核计划，以换取美国的承认和安全保证，从而缓解平壤的安全担忧，并通过国际参与为实现更广泛的繁荣开辟道路。一方分析人员（以及除国务院情报研究局以外的所有机构）以“审慎的”最坏情况解读了模棱两可的证据，并得出结论，平壤决心获取核武器，不会真诚谈判，也不会同意放弃核计划。这种分析的含义是，克林顿政府官员无法通过谈判确保停止朝鲜的计划，要解决这一问题，必须寻找其他途径。

另一方（主要是但不完全是国务院情报研究局的人）则认为，朝鲜可能愿意通过谈判放弃其核计划，而查明情况最好的办法就是坐到谈判桌前。政府决定尝试谈判，但受到国会议员的严厉批评，认为他们愚蠢地进行一次不可能成功的不负责任冒险。[1] 在时任美国国家情报委员会主席乔·奈（Joe Nye）向议员阐述情报分析人员的替代判断后，国会山的气氛一度略有改善。由于与当时向议员提供情报的方式有关的原因，很少有人（如果有的话）知道“可能愿意谈判”的判断。在乔·奈提出替代判断后，佐治亚州参议员萨姆·纳恩（Sam Nunn）表示，他现在能够理解为什么政府愿意谈判，而过去他发现无法将白宫的行动与所看到的情报界唯一判断相协调，因为该评估判断的谈判不可能取得预期成效。我怀疑这一声明有相当程度的政治博弈（鉴于他以前对谈判的支持），但他提出的观点很重要，即很难为似乎与情报判断不一致的决策辩护。或许更重要的是，这些谈判催生了“框架协议”，使朝鲜武器项目的钚生产停止了 8 年。

第二个例子是关于伊拉克大规模杀伤性武器的 2002 年《国家情报评估》（详见第 6 章）。回想起来，很明显，情报界一直对萨达姆的化学和生物武器能力的片面而模糊的情报进行了最坏情况的解读，尽管是无意识的。虽然要审查的问题是以一种直接和似乎没有偏见的方式界定的（“我们对萨达姆大规模杀伤性武器能力和意图了解多少”），但提出这一问题的背景有效地将问题转化为关于军事能力的问题。美国显然正在为可能对伊拉克采取军事行动做准备，这一事实很可能确实使分析人员不愿表明或暗示萨达姆生产化学武器和（或）生物武器的可能性很小或根本没有。除非可能性为零，否则，我们的部队必须为可能使用这些武器做好准备。情报报告的存在，以及对过去针对库尔德人和伊朗人使用化学武器能力的了

---

[1] 原注：参见 Robert M. Hathaway and Jordan Tama, “The U.S. Congress and North Korea during the Clinton Years: Talk Tough, Carry a Small Stick,” *Asian Survey*, 44:5 (Sept.–Oct. 2004), 711–733。

解，使得无法证明美国或联军部队不可能受到化学武器或生物武器的攻击。[1] 列出我们当时掌握的证据，其中的关键部分，我们现在知道是伪造的，这意味着我们知道得比我们所知道的更多，并被解释为意味着在萨达姆的部队被击败后会发现化学武器和（或）生物武器。

《国家情报评估》不是一个预测。认为某件事可能发生，并不等于预测它会发生。解释在什么情况下某件事可能会发生或可能不会发生，以及决策者应注意什么，来确定某个特定事态是否越来越可能发生，往往比“此事将会发生”或“那匹马将在第三轮中获胜”这种单一预测，或者列举可能的结果，却不说明何因将决定其中一个或另一个结果真的会发生，更有帮助。试图涵盖所有可能性很少有太多帮助，因为接受情报支持的人很明白，情况是复杂的，可能以多种方式发生。他们需要一些路标，帮助他们确定行动的方向和速度，以及发展轨迹是否在改变。大多数时候，分析人员及其支持对象对当前发展轨迹有着相同的基本评估，因为他们掌握相同的信息，并就解释这些信息的其他方法进行过充分讨论。这是此系统应该有的运作方式。负责某一特定问题或一组问题的决策者无须通过《国家情报评估》为他们提供基线情景，但负有间接责任的官员可能会发现，在《国家情报评估》或类似评估中描述的这种情景是有帮助的。同样，关键是要帮助他们决定是否有变化发生，变化为何发生，以及可能采取何种措施来加强、阻止或扭转这种变化。

大多数《国家情报评估》都涉及多变量分析（multivariant analysis），对每个变量的了解程度不一，而且往往不清楚哪些变量是最重要的。这使得《国家情报评估》与大多数学术研究大相径庭，因为学术研究可以使用历史数据和已知结果，来解释哪些变量在特定情况下最重要。从这个意义上说，《国家情报评估》不具备学术论文的科学严谨性，但解释一

[1] 原注：参见 Richard K. Betts, *Enemies of Intelligence: Knowledge and Power in American National Security* (New York: Columbia University Press, 2007), Chapter 3。

个已知结果为什么发生了，与解释在部分或大部分条件未知的情况下可能会发生什么，两者之间有根本区别。评估技术的一部分涉及对最有可能出现的情况做出判断，并识别已经发生的情况，由此推测接下来可能发生的事态。通过将大多数可能的事态发展归入“不可能”的范畴，来压缩可能性空间，同时关注未知因素和“低概率 / 高影响”事态的可能性，这是评估过程的重要组成部分。良好的技术要求在将范围缩小到可管理的数量之前，严格考虑广泛的替代可能性。

评估旨在帮助决策者管理问题或利用机会。实际上，将某一结果假定为不可避免，因而超出决策者的改变能力，这种预测很少有帮助，因为大多数决策者面临的关键问题是“我能对此做些什么”，或者“我能做什么来促成、改善或避免某一特定的结果”。那些把《国家情报评估》当作预测来阅读，并通过确定哪些通话是“正确的”，哪些是“错误的”，来给情报界绩效打分的人，如果他们不看看评估对推动事件的因素有什么作用（或没什么作用），哪些因素可能会使事件转向不同轨道，以及可能采取什么措施来确保积极趋势的延续，他们就错过了重点。有时，或者在某些方面，最有价值的评估是那些帮助或迫使用户认识到一个问题的复杂性，以及对它的了解是如此之少的评估。就过去几年编写的评估而言，还应该审查与《国家情报评估》及其他评估产品密切相关的美国政策举措，以确定它们是否明确或隐晦地寻求以符合情报界分析的方式改变事件的进程，同时事件的结果与“预测”不同，原因可能部分归因于美国外交或其他形式的政府干预。

评估类型

《国家情报评估》和其他形式的评估分析通常分为两类，即短期（6—24 个月）和中长期（24 个月或更长时间）。分析人员试图展望的未来越远，他们所能利用的信息就越少，分析的准确性和判断的可靠性就越低。这并不会使长期评估的作用低于短期分析，但确实需要清楚地了解其局限性。这两类评估分析都可以，而且应当具有战略维度，而不仅仅是已知“事实”和现有情报的汇编。为了提高实用性，《国家情报评估》必须尝试将现有信息纳入一个战略框架，以解释当前事态的起源及塑造其演变轨迹的因素。在我看来，有些评估在这方面做得比其他评估好，主要是因为它们抵制住炫耀搜集者所获信息的诱惑，并且避免声明信息来自电话拦截或图像，或者声称有叛国者愿意向情报机构提供或出售情报。

短期评估

短期评估应着眼于事态趋势、驱动趋势的因素，以及所研究国家、非国家行为体或其他实体之决策者的目标、政策和策略。此类评估可以是宽泛的，即探讨事件的发展方向及原因；也可以是狭隘的，例如，一个脆弱的联合政府在分析期内团结起来的可能性，或者一个新组建的（非美国）政府在其执政的头几个月会做什么。一般来说，关注点越集中，《国家情报评估》就越有效用。“面面俱到”的评估很少能提供有用的见解，决策者也无法用来校准和调整政策举措，以实现美国的目标。例如，判断一个脆弱的联合政府的持久性和意图，可以帮助决策者决定是在联合政府倒台前加大外交资本，推动某个特定行动的进程，还是等到联合政府被取代或发生一些事情延长其执政期。一个典型的例子是 2008 年 2 月巴基斯坦大选后上台的联合政府。这是一个由传统对手巴基斯坦人民党（Pakistan People’s Party）和巴基斯坦穆斯林联盟（Pakistan Muslim League，PML）（N）[1] 组成的令人不安的、在很多方面都很怪异的联盟。布什政府和奥巴马政府都必须决定是否以及如何向这个脆弱的联盟施加压力，要求其对在

[1] 原注：该名称后面的“N”代表该党领导人纳瓦兹·谢里夫（Nawaz Sharif）。PML(N) 是巴基斯坦穆斯林联盟中最早及最大的派别。

阿富汗—巴基斯坦边境活动的塔利班和其他叛乱组织采取行动。[1]

短期分析也可以狭隘地集中在一个问题或一组问题上。这类评估的一个例子是 2007 年 1 月题为“伊拉克稳定的前景：一条充满挑战的未来之路”（*Prospects for Iraq's Stability: A Challenging Road Ahead*）的《国家情报评估》。该评估着眼于稳定与安全、政治和解以及经济重建之间的关系，得出的结论为加强安全是政治和解及重建的先决条件。该评估还判断，除非在今后 12—18 个月内取得明显进展，以扭转社会日益严重的两极分化、安全部队和整个国家持续疲软以及各方诉诸武力的状况，否则总体安全局势将继续恶化。[2] 该《国家情报评估》所概述的分析，是在政策审查之前和期间进行的，而政策审查促成了当年晚些时候的所谓增兵行动。评估是在改变战术的决策之后发布的，因此被一些人批评为与决策过程无关。这种批评故意或令人不解地忽略了一点，即重要的是情报分析人员和决策者在政策审查期间密切、持续的交流，才促成了增兵行动，而不是评估本身所体现的“记录在案”的分析报告。以更新 2007 年 2 月《国家情报评估》的形式进行的后续评估，审查了增兵对安全局势的影响，并再次评估了局势稳定与政治和解的前景。该评估题为“伊拉克稳定的前景：安全方面取得一些进展，但政治和解遥遥无期”（*Prospects for Iraq's Stability: Some Security Progress but Political Reconciliation Elusive*）。[3]

短期评估分析的另一个变量试图回答“这里发生了什么事”的问题。它与经常被嘲讽地称为“动态情报”的东西有很多共同之处。动态情报和短期评估分析的区别往往在于观察者的眼界。我所做的区分是将报告新获

[1] 原注：参见 K. Alan Kronstadt, *Pakistan–U.S. Relations*, Congressional Research Service, February 6, 2009, at www.fas.org/sgp/crs/row/RL33498.pdf。

[2] 原注：该评估非机密的关键判断，参见 www.dni.gov/press_releases/20070202_release.pdf。

[3] 原注：该评估更新的非机密的关键判断，参见 www.dni.gov/press_releases/20070823_release.pdf。

取信息的任何分析产品视为动态情报，通常以要点的形式呈现，附以简短的注释，说明其与先前关于该主题的情报是否一致，并说明其获取的时间和方式（通常用非常笼统的术语）。情报所传递的隐含信息是：“我们刚刚获取，我们还不知道它意味着什么，或者甚至它是否准确，但我们认为你应该知悉。”提供此类报告的主要原因是，通过提醒用户注意某个同事可能提出的问题来与用户建立融洽的关系；预先警示他们分析人员正在审查新情报，可能会导致他们修改对用户权限内问题的评估；同时劝阻决策者不要对一份可能不如初读时结论那么肯定或那么重要的报告仓促行事。

根据我的区分，短期评估分析对新的事态发展和（或）新获取的情报进行更谨慎的评估，并试图回答“这里发生了什么事”“它意味着什么”“是什么原因造成的”“我们接下来应期待什么”等各种问题。当记者对首次报道但很少有评论的事态发展进行更慎重、更深入的分析时，他们也会做出类似的区分。例如，情报分析人士在获悉委内瑞拉总统乌戈·查韦斯努力加强该国与中国的关系后，立即通知了美国政府决策者，但随后又对查韦斯试图做什么、为什么他要这样急转弯，以及中国人如何回应委内瑞拉的示好进行了评估。[1]

中长期战略评估

和其他形式的评估分析一样，中长期评估试图阐明事件的发展方向、驱动因素、可能导致发展轨迹改变的因素，以及我们如何能够发现变化的发生。它们还应向决策者表明，在跨过一个重要的门槛之前，它们还需要多长时间来解决这个问题，并确定影响事件进程的潜在机会。如果判断显示，事件实际上正在向特定的方向不可阻挡地发展，而美国政府官员无法

[1] 原注：一个由媒体进行的类似分析的非涉密例子，参见 Sara Miller Llana and Peter Ford, “Chavez, China Cooperate on Oil, but for Different Reasons,” *Christian Science Monitor*, January 3, 2008, at www.csmonitor.com/World/Americas/2008/0103/p06s01-woam.html。

改变预计的结果，那么除了为最坏情况做准备，并试图证明他们在阻止不可避免事情发生的过程中已经尽了一切可能之外，并没有给决策者很多选择。根据我的经验，评估实际上很少告诉决策者，他们无法改变现状。即便是2005年5月对伊朗核项目的最新评估也没有排除劝阻德黑兰获取核武器的可能性。评估称：

我们非常有信心地评估，尽管伊朗承担了国际义务并承受了国际压力，但它**目前**仍决心发展核武器，但**我们并没有评估伊朗是不可动摇的**（粗体字是后加的）。[1]

所用的措辞略显笨拙，但旨在传达，而且确实表达了这样的判断，即伊朗可能被说服放弃追求核武器。根据新获得的情报，有关“伊朗核意图及核能力”备受争议的2007年《国家情报评估》，得出一个稍有不同的判断。这一判断如下：

我们对以下判断很有信心，即德黑兰于2003年秋季中止了其核武器计划。我们高度确信地判断，这种停摆至少持续了几年……中度确信地评估，截至2007年年中，德黑兰没有重启核武器计划，但**我们不知道它目前是否打算发展核武器**。高度确信地判断，停止计划主要是为了应对伊朗以前未申报的核工程被曝光后带来的越来越多的国际审查和压力。以中度到高度的信心评估，**德黑兰至少保留着发展核武器的选择**（粗体字是后加的）。[2]

[1] 原注：参见2007年11月“伊朗核意图及核能力”关键判断（Key Judgement from Iran: Nuclear Intentions and Capabilities）的公开版本中转载的表格，见www.dni.gov/press_releases/20071203_release.pdf。

[2] 原注：参见2007年11月“伊朗核意图及核能力”关键判断（Key Judgement from Iran: Nuclear Intentions and Capabilities）的公开版本中转载的表格，见www.dni.gov/press_releases/20071203_release.pdf。

2007 年评估与 2005 年更新版本相比，在如何影响德黑兰的思维方面提供了更多指导，但它也表明时间紧迫，如果伊朗决定这样做，它可能在 2009 年年底，或更有可能在 2010 年至 2015 年某个时间框架内，生产出足够的制造核武器的高浓缩铀（HEU）。这与 2005 年更新版本中判断的时间框架相同。然而，媒体和国会的注意力都集中在伊朗已中止其核计划武器化部分这一判断上，并对这一判断进行了嘲讽（忽略了能源部和国家情报委员会的替代判断，即他们对停止特定活动代表伊朗中止整个核武器计划有适度信心），同时在很大程度上忽略了以下判断，即外交和压力似乎在过去发挥了作用，但在伊朗获取足够的高浓缩铀用以制造核武器之前，停止该计划的机会之窗将在短短的两年内关闭。在我看来，这些是《国家情报评估》中最重要的判断，因为它们表明，外交和压力实际上起了作用，而且可能会再次发挥作用，因为伊朗似乎在其安全考量中运用了成本收益分析，但解决问题的时间正在迅速减少。

中长期评估也可能回顾过去，努力确定后来发现的事态为什么会发生，并为评估和预测此后发生的情况奠定基础。这种回顾性评估分析的一个例子是一份迅速但很专业的评估，该评估试图解释为什么沙特阿拉伯会请求中国提供可携带核弹头的中程弹道导弹。[1] 在此过程中，直到很晚才发现出售和转让东风 3 型导弹的情况，这并没有被列入“情报失误”清单，但在我看来，它应该被列在清单上，因为早一点发现，可能就能防止这种转让。尽管如此，这一情况被发现后，发现或评估它发生的原因就成为当务之急。因为如果不知道原因，美国将更难制定出一个应对方案，以维护与我们的长期合作伙伴沙特阿拉伯事实上的盟友关系，最大限度地减少对美中脆弱关系的损害，同时避免中东地区的军备竞赛。

[1] 原注：导弹销售的简要、非机密摘要可以在 NTI 网站上找到，www.nti.org/e_research/profiles/saudi_arabia/missile/index.html#fnB4。同时可参见“Arms: Beijing Surprise: Missiles for the Saudis,” *Time*, April 11, 1988, at www.time.com/time/magazine/article/0,9171,967149,00.html。

战略分析必须超越对最新情报报告的解释，而不仅仅是对过去行为或报告的直线外推。大多数时候，未来就像过去一样，有一定的变化，且在多数时候，预测其基本延续性是“安全”的。决策者不需要情报或分析来告诉他们，大多数事态趋势或多或少都在同一轨迹上发展。实际上，基本延续性通常被视为一个基线条件。情报和分析有趣且重要的贡献在于，它们能指出事态轨迹可能何时、为何以及如何发生改变。

《国家情报评估》的成因及关键问题的形成

理论上讲，理想的情况是，对《国家情报评估》的请求来自决策者。大多数决策者都是行政部门官员，但近年来，国会议员提出的要求或授权达到了前所未有的数量。[1] 然而，《国家情报评估》主题经常由国家情报官（National Intelligence Officer, NIO）或情报界领导人提出，他们希望根据新获取的信息对旧的情报和以前做出的判断进行严格审查，因为他们对必须回答“关于此主题，最新的《国家情报评估》是在多久前制作的”这一问题感到不安，或者希望利用《国家情报评估》程序促进情报界对复杂和（或）重大问题的政策审查做出贡献。在理想情况下，评估是为了向具体的政治决策提供信息，但在现实世界中，决策者很少知道或告知他们自己的长期情报需求，也很少为情报界留下充足时间来完成《国家情报评估》。大多数时候，他们对“协同”分析产品的要求，只能以准备不足、不太正式的形式来满足，比如“集体意识”备忘录或情报界简报。

尽管决策者一般会支持情报界建议的评估，但提出某些主题的建议可能十分棘手。情报分析人员有责任监督美国政府行为的直接和间接影响，并向决策者汇报他们的调查结果，但就一项备受瞩目的政策承诺提出制定

[1] 原注：我们应国会或个别议员的要求，对伊朗、阿富汗、伊拉克和气候变化制作了《国家情报评估》。

《国家情报评估》，则可能会被视为情报界对政策的批评或改变政策的企图。作为近东和南亚地区事务国家情报官，保罗·皮勒（Paul Pillar）经历过这种两难境地。他知道，有必要确定和评估美国领导的推翻萨达姆的努力可能带来的后果，但可以理解的是，他不愿主动提出建议，以免他和情报界被指责为对发动战争的决定进行事后批评。[1]

无论这一过程是如何启动的，下一步便是弄清决策者希望或需要了解的具体内容。除非情报界有理由相信，决策者对关键动态及其影响的理解是错误的，否则，谈论他们不感兴趣或自认为很熟悉的话题意义不大。为此，国家情报官需要加强两个层面的沟通——他们需要与处理相关问题的高级决策者充分交流，同时他们还要与能够思考主要用户愿望和需求的高级分析人员反复协商。这些对话应该，而且通常能够为评估主题明确定义，划出范围。

下一步是形成问题，含一个关键问题，如果得到审查和回答，将有助于就决策者最感兴趣的问题提供有用的见解。这需要进行讨论和辩论，以便阐明“为回答核心问题，我们需要知道什么”。讨论不应采取如下的形式：“我知道我能回答什么问题”或者“什么问题可以让我炫耀特定的情报”。避免类似陷阱有时比实际情况更难，可能是因为一些分析人员对评估的目的未能充分理解。

形成关键问题的最佳方式是由国家情报官主导，与最了解该主题的分析人员进行讨论，共同合作完成。同样的讨论（过程）还应梳理出一份分析人员认为与该主题契合度最高的情报来源清单，并根据现有证据提出初步想法。它还应该确定一些重要，但几乎没有或根本没有情报支撑的问题，因此必须通过双管齐下的战略来解决：该战略要求情报搜集者要在规定的时间内（通常很短），了解可以就这一主题搜集什么，同时提出相关

[1] 原注：参见 Paul R. Pillar, “The Right Stuff,” *The National Interest*, 91 (Sept.–Oct. 2007), 53–59。

假设，以弥补无法用其他方式弥补的信息空白。

讨论应力求为每个信息空白确定或生成多种假设。在实际中，研究一般问题的分析人员通常已经开始采用假定和假设，并已向同行阐明、解释这些假定和假设。在理想情况下，《国家情报评估》的准备工作还应包括对多种相互竞争的假设和替代假设进行探讨，只要这些假设和替代假设与已知的事实相符即可。这一反复的过程，最终应产生一个（最多两个）关键问题和一些优先问题，这些问题必须先回答，才能解决关键问题。这一连串的问题既要构建分析的结构，也就是评估的大纲，又要确定在评估的关键判断中应解决的问题。以这种方式描述这一过程会让它听起来比实际或应该呈现的过程更机械。几乎总会出现这样的情况：在评估工作中会产生更多的问题和（或）见解，值得将其纳入关键判断，而且将其纳入的诱惑很大。但应将判断视为核心判断而非外围判断的门槛设得很高，否则评估将失去重点，读者“错过”分析人员所认为要点的可能性就会增加。

解决关键问题

明确需要处理的关键问题，定义评估的范围和重点，但这只是多阶段过程的第一步，该过程是为了对新旧证据、以前的判断、替代假设和假说进行真正的重新审视。换言之，不管情报界对评估中要解决的问题进行过多少次审查、最近何时进行过审查，这一过程都要求回到基本点，从一张白纸开始。这就是应该发生的事情，而且在很大程度上，确实如此。即便所有评估所涉及的主题都已由情报界一个或（通常）多个部门分析人员进行了审查和撰写，而且分析人员和所在机构已经对其中一个或多个待审查问题采取或认可了立场，编制评估时仍需要他们尽可能对以前的分析判断和用于支持这些判断的情报进行零基分析（zero-based analysis）。这意味着要以一些特定的方式回到原点。先前的判断，特别是如果这些判断被认为与回答核心问题或评估中要解决的任何优先问题有关，则必须重新审查；不能假定任何判断仍然有效，并简单地将其作为后续分析的起点。这是分析界和其他审查伊拉克大规模杀伤性武器评估缺陷的人，吸取的最清晰和最重要的教训之一。[1]

这种零基审查必须审查自做出判断以来，是否获取了新情报，以及新旧情报是否匹配（例如，两者是否一致；新情报是否证实、证伪了旧情报，或对旧情报提出了新的问题；新情报是否要求替换或修改假设；替代假设现在看起来在多大程度上是合理的；等等）。分析人员必须进行类似的零基审查。审查的目的是重新审视证据，而不考虑以前的结论。这有时是很难做到的，因为至少一些从事任何特定评估工作的分析人员，会先看看以前的证据，然后就其含义得出结论。对很多人来说，有一种无意识倾向，就是希望通过重新审查，验证他们在先前对该问题的研究中得出的结论。

当分析人员重新审视以前的判断时，情报搜集者必须重新清理与新评估有关的情报。这首先要重新审查用以支持先前判断的报告，并重新检查分析人员认为对新评估很重要的报告。这也是从伊拉克大规模杀伤性武器评估中吸取的经验教训。通过由机构负责人或指定人员签署的正式信函，情报搜集者必须证明评估中所用情报来源的有效性。乔治·特尼特最早提出这一要求，并由国家情报总监办公室扩大了其应用范围。这一过程很耗时，但至关重要，已成为《国家情报评估》过程的一个常规部分。

《国家情报评估》最常见的特征之一，是将其描述为"美国所有情报机构的共识"。[2]《国家情报评估》应追求明确性，而不是共识，但情况并非总是如此。多年来，这一过程确实是朝着共识的方向发展，并不可避免地出现了最低共同点的判断。情报机构代表做"脚注"（不同意见的专业

[1] 原注：参见 SSCI Report and WMD Commission。

[2] 原注：参见 Michael Isikoff and Mark Hosenball, "The Flip Side of the National Intelligence Estimate," *Newsweek*, July 18, 2007, at www.newsweek.com/id/32962。

术语）的权利是神圣不可侵犯的，但除国务院情报研究局以外的机构很少提出替代判断，而且国务院情报研究局这样做时（很常见），该过程将限制分歧的持续时间，并对分歧范围进行狭义的解释。这种情况有些被夸大，但并没有夸大多少，一个机构可以声明它不同意某项判断，但只有有限的范围来解释原因，或质疑作为共识判断基础的前提、方法或证据。

我承认，目前过程的目的，是尽快消除分析上的分歧，并确保不同判断都得到充分解释，该过程既受多年来处理替代判断的挫折影响，也受从伊拉克大规模杀伤性武器评估的不愉快经历中所吸取教训的影响。尽早这样做，可以发现其他机构分析人员没有发现或没有充分考虑到的情报来源，解释用于弥补情报空白的假设，明确分析人员何时以及为何对特定情报给予不同的关注度，等等。及早和充分透明地讨论分析上的分歧，可以解决大多数分歧，往往是将所有分析人员引导至一个不同于他们任何一个人起始的位置。在理想情况下，分析人员将他们以前的（因而是“初步”的）判断抛在脑后，以便用全新的眼光看待信息。显然，这种情况并不总是发生，但这是新的规范或标准。此外，在这一过程结束时，如果分析人员在思考相同信息后依然得出不同的判断，那么向决策者传达这一事实与有争议的判断本身同样重要。简单来说，如果头脑清楚的分析人员在彻底审查相同的情报并对他们如何得出判断进行透明的讨论后，依然得出不同的结论，他们和决策者都不应对任何一个争议性判断持有过高信心。传达该判断基础不牢这一警告，比判断本身更重要。

《国家情报评估》不会也不应脱离实际产生；要求实施评估的决策者和其他已知正在研究所审查主题的人员应不断更新分析的主线、初步结论和与项目密切相关的任何新情报。如果决策者因此提出其他问题，则应一并解决这些问题。分析人员抱怨不得不这样做，但情报的目的是为决策者提供信息及支持，而不是让分析人员活得轻松。状况更新往往会导致要求正式的简报，或分析人员参加首长委员会、副首长委员会的会议或其他政策审议（在编制伊拉克、阿富汗和其他一系列主题评估时发生的情况）。这个“过程”必须在任何时候对审议过程有所帮助。通常，这将由负责该项工作的国家情报官或副国家情报官完成，但也可能分配给主要起草人之一。无论谁代表情报界出席，都必须明确当时判断的状况；在国家情报理事会和国家情报总监审议和批准之前，所有判断都是初步的，在此之前，评估是一项正在进行的工作。

如何阅读评估报告

关于评估最信誓旦旦、最具误导性的抱怨之一，是“没有人”阅读它们，或者“没有决策者阅读它们”。这类批评常常称，没有哪个忙碌的决策者有时间翻阅这些冗长的文件，因为这些文件几乎没有为他（她）提供任何新知。我认为这种看法基本是正确的，但我强烈反对这种暗示或有时明确提出的建议，即“编制《国家情报评估》纯属浪费时间，应当停止”。

“大多数”决策者不阅读《国家情报评估》的原因是，大多数决策者不负责处理任何特定《国家情报评估》中所涉及的问题。无论篇幅多么短小，写得多么好，多么有见地，或者对实际处理所涉问题的人多么有用，负责拉美或中东问题的决策者仍不会阅读有关印度或乌克兰的评估报告。除非他们被告知，评估的某一部分涉及他们正在处理的问题，在这种情况下，他们会阅读相关段落。为什么有人会期望他们做别的事呢?

反过来说，这也解释了为什么许多从事某个特定评估所涉及问题的人不屑于阅读它；如果他们的情报支持团队完成了工作，那么他们早在《国家情报评估》公布之前，就已经了解了主要内容。顾名思义，决策者都是忙碌的人，他们不会花很多时间阅读秘密产品（通常只能在办公室外的指定区域阅读），重温他们已经了解的内容。

既然“没有人”（实际上意味着没有或很少有高级决策者）阅读评估，为何还要编制它们？宣布《国家情报评估》是情报界最权威的分析判断又有什么意义？答案是，或者至少我的答案是，还有其他原因和受众。

费尽心思编制《国家情报评估》的第一个原因，是澄清对重要问题的分析性思考。如果没有《国家情报评估》或国家情报委员会编制的其他正式“协同”产品，不同机构（甚至在同一大机构内部）的分析人员在工作时很可能对情报界同事的思维知之甚少；可能在不了解特定报告或报告流的情况下开展工作；可能不知道其他假设和假定；可能不知道，或无法告知自己的政策用户，行政部门其他地方的同行从自己的情报支持团队那里得到了什么。换言之，编制一份评估报告，迫使国家安全机构就正在处理的最重要问题进行合作和信息共享。这有其教学价值和示范价值，不仅能够帮助参与编制《国家情报评估》的分析人员提高工作质量，还能帮助与他们有接触的其他人员提高工作质量。此外，由于国家情报理事会各机构负责人必须批准《国家情报评估》，因此他们必须亲自参与这一过程。这意味着他们的下属也必须参与其中，向“行政食物链”中高于他们的人评价和解释评估报告，并向参加协同过程的“他们的”代表提供指导。简而言之，编制评估报告有很多溢出效应和继发效应，有利于分析过程和情报界所做工作的整合。

第二个原因是，《国家情报评估》的阅读者多为高级决策者以下级别的人。项目官员、外事人员和准备新任务的防务专员、接受新任务的分析人员、新分配到国家安全委员会的人员，以及其他一些人都会阅读这些文件，以便及早了解关键地方的关键问题。他们是非常重要的受众，因为这一级别的人将起草背景文件、准备谈话要点和国会证词，制定供行政体系中更高层级人员考虑的政策选项。体系顶层决策的质量，即便不是由下级官员的工作质量决定，也会在很大程度上受其影响。因此，他们了解情报分析人员的“最优”想法，至少与最高级官员了解分析人员对相关问题的看法一样重要。

外国合作伙伴则是《国家情报评估》的另一重要受众。我们的联络和外交伙伴，期待并依赖美国对他们没有深入报道的问题及地区进行分析，因为如果他们知悉作为政策基础的分析思路，将有助于他们理解美国的外交政策。很少有评估会被完整地分享，但删节版、关键判断的机密摘要、关于过程和判断的简报对我们的合作伙伴都有很大帮助。更重要的是，这也将提升美国官员在对美国重要问题上争取外国支持的能力。评估远不只是“交易材料”，可以用来交换由不同情报来源和不同政策用户的对应方独立编制的信息及分析（通常数量很少）。对外国同行来说，我们的评估产品是他们政府不可替代的信息和见解来源，他们对我的感激之情令人欣慰，又有点令人生畏。事实上，我在国务院工作的这些年里，三个盟国政府的高级官员在不同场合对我说，他们经常将我们提供的有关世界主要地区的评估报告重新包装，供他们自己的高级官员使用——除了指出这些评估报告由美国情报界编制外，几乎没有或根本没有评论。

在《国家情报评估》中应注意什么

在过去 10 年中,《国家情报评估》被用作武器，用以打击政治对手或抨击政府的政策，比我职业生涯中任何时段都要频繁。这给编制工作增加了新的困难，因为我们现在必须努力预测，哪些含糊不清的部分可能会被曲解；哪些特定的词、短语或判断会被人抓住用于打击政治对手或抨击政策。根据我的经验，在编制评估时避免政治化是很容易做到的，因为决策者都是聪明人，他们不会冒着被中伤的风险试图左右或歪曲分析判断，也因为分析人员对干预其技术的企图非常敏感，他们会立即抵制任何将他们的判断政治化的企图。这种公认的印象派判断得到情报改革立法规定的年度调查结果的支持，该调查询问分析人员是否亲历或听说过试图将其判断政治化的情况，每年的结果基本一致——报告的案例数量很少，而且几乎在每一个案例中，有关分析人员或机构都报告说，试图政治化的行为遭到了拒绝。然而，在《国家情报评估》公布之后，将其政治化则是另一回事，要避免将评估判断和评估本身用于政治目的，这几乎是不可能的。

《国家情报评估》是权威性的，但不是预测性或确定性的。它们之所以具有权威，是因为它们得到所有分析机构负责人的批准，而且情报搜集部门的负责人也能为支持评估判断的情报质量证明。同时，这也证实了情报的使用方式与报告一致（换句话说，分析人员没有滥用报告）。它们区分为可以证实的事实（方法的透明度和“成果展示”使那些想检查我们技术手段的人有可能做到这一点）、已经声明或报告但无法独立证实的“事实”、用于弥补信息空白的假设以及分析判断。判断不是事实，而是经验丰富的分析人员对不完善的信息进行深思熟虑的评估。

《国家情报评估》（和其他分析产品）应在适当的时候传达置信度判断。置信度判断的依据是可用于证实判断的信息数量、质量和一致性，以及对替代解释或假设合理性的判断。高置信度并不意味着分析人员在达成该判断时是一致的，也不意味着他们对自己的想法固执自大；而是意味着他们拥有大量高质量的信息，并且他们和情报搜集者都认为这些信息是可靠的。低置信度则意味着没有太多可用信息，或者信息相互矛盾，因此不同的假设会导致完全不同的判断。有人可能会问，分析人员置信度低，为什么还要做出判断？答案当然是，他们被要求做出评估，而要回答这个问题，即便在信息不足的情况下，也要做出判断。此外，情报分析人员并不是唯一对重要问题做出判断或声明的人。除情报界之外，决策者还会从许多来源获取信息，他们收到的一些评估的可信度或确定性，远远高于情报分析人员认为的合理性。有时，处理此类断言并解释情报界对其准确性缺乏信心的原因，是很有必要的。与伊拉克大规模杀伤性武器评估相关的一个重大失误是，那些读到这份评估的人，或者实际上只读了关键判断，或者更糟的是，读了中央情报局的白皮书，该白皮书省略了所有的警告和替代判断，忽略了一则明确的声明，即这些判断所依据的情报非常有限。[1]

评估应该而且通常确实提供了关于以下方面的信息和判断：事件的发展方向、驱动因素，关键行为者希望实现的目标、他们打算如何实现，决策者在事件越过某个门槛之前还有多长时间（例如，直到伊朗获取足以制造导弹的裂变材料，或一个脆弱的政府垮台），需要注意哪些方面以确定事件是否偏离了特定轨道，以及在哪里、如何、何时、由谁进行干预来改变事件进程是可能的。评估也有其他作用，但都离不开以上关键要素。评估并不试图预测未来，也不应被解释为试图限制决策者的选择。相反，它们旨在明确可以利用的机遇，有时还会确定美国可能影响世界其他地方事件的方法。

[1] 原注：参见第 6 章，及 Jervis, *Why Intelligence Fails*, Chapter 3, especially 126–127。

第6章
两份评估的故事

关于伊拉克大规模杀伤性武器计划的2002年《国家情报评估》错误百出，作为情报界无能的典型案例，被与未能预测苏联倒台一事相提并论。[1] 伊拉克评估存在严重缺陷，但搜集、解读并向决策者提供情报的“系统”或“过程”也是如此。[2] 尽管如下文所述，评估本身并未对入侵

---

[1] 原注：National Intelligence Council, Iraq’s Continuing Programs for Weapons of Mass Destruction [hereafter Iraq WMD], October 2002. 2003年7月18日公布的解密关键判断，参见www.fas.orf/irp/cia/products/iraq-wmd.html。

[2] 原注：伊拉克大规模杀伤性武器评估缺陷的详细描述，参见U.S. Senate, “Report of the Select Committee on Intelligence on the U.S. Intelligence Community’s Prewar Intelligence Assessments on Iraq Together with Additional Views”, 108th Congress, 2d Session, S. Report 108-301, July 9, 2004 (hereafter SSCI 2004), at www.intelligence.senate.gov/108301pdf，以及U.S. Senate, “Report of the Select Committee on Intelligence on Postwar Findings about Iraq’s WMD Programs and Links to Terrorism and How They Compare with Prewar Assessments Together with Additional Views”, 109th Congress, 2d Session, September 8, 2006, at http://intelligence.senate.gov/phaseiiaccuracy.pdf。美国大规模杀伤性武器情报能力委员会就搜集、评估和交流情报的系统或过程方面的缺陷，进行了更广泛的审查，参见“Report to the President of the United States” (hereafter WMD Commission Report) (Washington, DC: U.S. Government Printing Office, 2005)。

伊拉克的决定产生多大影响，但它对“9·11”委员会所促成的情报机构改革的范围和形式产生了深远的影响。[1]

尽管伊拉克大规模杀伤性武器评估存在缺陷，但如果不是对伊拉克战争的失望情绪迅速升级，引发华盛顿在日益加剧的党派指责游戏中寻找替罪羊，那么伊拉克大规模杀伤性武器评估可能根本没有人读，也不会产生任何影响。情报界可能会将《国家情报评估》的明显缺陷解释为匆忙赶工的必然结果（这篇 92 页的报告在不到三周的时间内完成）。[2] 情报界不能草草地了结此事，就继续前行，好像只是发生了一次异常情况。这是非常幸运的，因为如果没有伊拉克大规模杀伤性武器评估所促成的变革授权，情报机构的很多方面，特别是分析技术，今天不可能比以前有很大的改观。[3]

正如我在前面章节中所说，《国家情报评估》是情报界为评估和解释有关复杂问题，针对零散信息做出的勤奋和严谨的努力。然而，在伊拉克战争的准备期间及随后的政治辩论中，它们被赋予近乎神话和神器的特质。现在，国会的个别议员经常宣称，他们需要借助《国家情报评

[1] 原注：对情报质量和情报被用来为入侵伊拉克辩护之方式的愤怒，以及“9·11”委员会的调查结果和政治技巧如何使《2004 年情报改革与恐怖主义预防法》成为可能并形成该法，我的总结参见 Thomas Fingar, “Office of the Director of National Intelligence: Promising Start Despite Ambiguity, Ambivalence, and Animosity,” in Roger George and Harvey Rishikof, editors, *The National Security Enterprise: Navigating the Labyrinth* (Washington, DC: Georgetown University Press, 2011), 139–155。也可参见 Paul R. Pillar, “Intelligence, Policy, and the War in Iraq,” *Foreign Affairs*, 85:2 (Mar–Apr 2006), 15–27。

[2] 原注：例如，参见 SSCI 2004, Section XI, 299–300。

[3] 原注：伊拉克大规模杀伤性武器评估在一个重要方面是不正常的，即它并不代表大多数分析人员、大多数分析机构，在大多数时候、大多数问题上所做工作的质量。数千名分析人员因少数分析人员（包括我）——曾参与伊拉克大规模杀伤性武器评估——的过失而被抹上污点。大多数分析产品并不像这份《国家情报评估》那么差，但它们也没有达到应该达到的水平。现在一切都好起来了，因为伊拉克大规模杀伤性武器评估的后果使自满和一切照旧的做法难以维持。

估》就关键问题做出决策。[1] 在过去几年中，应国会要求编制的《国家情报评估》比以往任何时候都要多，至少我在情报界工作的 38 年中是如此，而且议员要求提供关键判断和整个评估报告的非机密版本也变得更加普遍。[2] 评估的编制现已成为记者高度关注的一个问题，评估的存在，更不用说已公布或泄露的调查结果，被那些永远不会看到《国家情报评估》的专家和媒体评论员进行了剖析和辩论。[3]

这种不寻常的情况将持续多久，今后是否会有更多政府官员或国会议员仔细阅读《国家情报评估》，这一切尚未可知，但我的预测是“不会太久”，也“不太可能”。然而，从伊拉克大规模杀伤性武器评估之后开始，直到本书撰写期间，《国家情报评估》受到国会议员和工作人员、总统情报咨询委员会（前总统外国情报咨询委员会）和政府高级成员更仔细的审查。鉴于《国家情报评估》的重要性被夸大，审查力度越来越大，作为分析事务国家情报副总监以及国家情报委员会主席，我自任职伊始，就知道我的工作成效很大程度上将由在我监督下所制作评估的质量和效用来决定。[4]

幸运的是，至少对我来说，国家情报总监约翰·内格罗蓬特授予我的职

---

[1] 原注：参见 Rep. Anna G. Eshoo, “Intelligence Needed on Climate Change,” *San Francisco Examiner*, June 6, 2007, at www.annaeshoo4congress.com/anna/pdf/AE-article-intelligence-climate-change.pdf。

[2] 原注：参见 Richard A. Best Jr., “Intelligence Estimates: How Useful to Congress,” Congressional Research Service, updated December 14, 2007, at www.fas.org/sgp/crs/intel/RL33733.pdf。

[3] 原注：参见 Mark Mazzetti and Eric Schmitt, “U.S. Study Is Said to Warn of Crisis in Afghanistan,” *New York Times*, October 8, 2008, at www.nytimes.com/2008/10/09/world/asia/09afghan.html?_r=1；以及 Jonathan S. Landay, Warren P. Strobel, and Nancy A. Youssef, “New U.S. Intelligence Report Warns ‘Victory’ Not Certain in Iraq,” *McClatchy Newspapers*, October 7, 2008, at www.mcclatchydc.com/world/story/53605.html。在这些报告发表时，这两项评估工作刚刚起步，还没有完成初稿。

[4] 原注：我担任这些职务的任期是 2005 年 5 月到 2008 年 12 月。

责和权力符合我对提高《国家情报评估》质量的自我要求。[1] 稍微夸大一下，我可以授权改变《国家情报评估》的编制，而不必经过往往是冗长曲折的官僚程序，以便在分析界其他地方采用关于分析工作的新指南或指令。这样就有可能迅速实施变革，根据需要进行调整，并将《国家情报评估》——分析界的旗舰产品，作为影响所有产品及机构转型变革的试验台和模型。

在我任职的前两年，所做的大多数评估都受到严格审查，挑剔的读者报告说，他们能够看到评估质量和效用的实质性改进。然而，我们知道，当我们公布下一份关于“伊朗核意图及核能力”的评估报告时，将是对我们改进程度的最重要考验。原因很多，包括它涉及一个“邪恶轴心国”最致命的大规模杀伤性武器，显然会被许多观察家视为“下一个伊拉克大规模杀伤性武器的《国家情报评估》”。[2] 在我和许多资深同事看来，就伊朗核野心编制一份经得起严密审查的《国家情报评估》，对于恢复对我们的产品、我们的分析技术和情报界信心的努力取得成功至关重要。

除了这些可以说是机构或专业的激励措施来“正确处理”伊朗问题之外，我们这样做还有爱国和个人动机。由于有关伊拉克大规模杀伤性武器计划的情报被提交给美国决策者和全世界，我们的国家和情报界已经陷入尴尬并因此蒙尘；而我们知道，我们的调查结果将被用来为美国有关伊朗的重要决定提供信息。个人动机的范围从很普遍的（伊拉克大

[1] 原注：分析产品的正式授权载于 *Intelligence Community Directive 200: Management, Integration, and Oversight of Intelligence Community Analysis*, January 8, 2007，参见 www.dni.gov/electronic_reading_room/ICD_200.pdf。然而，内格罗蓬特在 2005 年利用前任中央情报总监指令，在国家情报总监办公室成立后的头几周，就授权于我。

[2] 原注：预计对伊朗核问题《国家情报评估》产生浓厚兴趣的另一个原因是，一些国会议员直接向我表达了最初不大，但很快就越来越多的担忧，即总统正在准备与伊朗开战。有一篇早期的、在很大程度上是错误的文章，反映并加剧了这些担忧，参见 Seymour M. Hersh, “The Iran Plans: Would President Bush Go to War to Stop Tehran from Getting the Bomb?” *The New Yorker*, April 17, 2006, at www.newyorker.com/archive/2006/04/17/060417fa_fact。

规模杀伤性武器评估的打击，使所有分析人员蒙尘，并严重伤害了他们的士气，许多人渴望通过出色的工作来改善这种状况）到高度个人主义的。我和国家情报理事会（将确定伊朗核评估是否准备就绪）其他三名成员曾参加了国家外国情报委员会的会议，该会议批准了伊拉克大规模杀伤性武器的评估。[1] 我不能代表那三位同事发言，但我有着不犯同样错误的个人动机。

接下来的叙述既是一个解释，也是一个从 2002 年伊拉克大规模杀伤性武器《国家情报评估》到 2007 年伊朗核计划评估的演变历程。因此，它更关注的是背景而不是内容，以描述在一个特定但并非完全独特的时期内，这两份异常引人注目的评估如何与华盛顿的政治和政策制定相适应并被其所影响。在这样做的过程中，本文将把五条相互作用，但在分析上又不相干的发展线索编织在一起。第一条线索审查伊拉克大规模杀伤性武器评估的起源及症结所在，试图解释为什么它是这样写的，以及国会、大规模杀伤性武器委员会和情报界本身进行的事后调查中所吸取的教训。第二条线索介绍了在编制伊朗核评估时，如何将为解决伊拉克《国家情报评估》所强调的系统性问题而采取的程序变革和措施纳入其中。对这些评估的阐释构成了第三条线索分析所描述的演变过程的始终，该分析试图勾画

[1] 原注：国家情报理事会由情报界所有分析部门负责人组成，对所有《国家情报评估》进行正式审查。国家情报理事会会议由国家情报总监主持。国家情报理事会是国家外国情报委员会的后继组织，在 2004 年设立国家情报总监办公室之前，该理事会为中央情报总监履行了类似职能。审查伊拉克大规模杀伤性武器评估和 2007 年伊朗核计划的国家外国情报委员会成员，包括冯稼时（2002 年任情报研究事务首席助理国务卿帮办，2007 年任分析事务国家情报副总监）、迈克尔·海登（2002 年任国家安全局局长，2007 年任中央情报局局长）、詹姆斯·克拉珀（2002 年任国家地理空间情报局局长，2007 年任情报事务国防部副部长）和查尔斯·阿伦（2002 年任搜集事务中央情报助理总监，2007 年任情报分析事务国土安全部副部长）。关于国家情报理事会的更多信息，参见 *Intelligence Community Directive 202: National Intelligence Board*, July 16, 2007, at www.dni.gov/electronic_reading_room/ICD_202.pdf。

从 2002 年至 2007 年年底,《国家情报评估》从“很差”到“好得多”的转变。[1] 第四条和第五条线索涉及政治故事。其中一个重点是华盛顿的政治背景，以及它对编制《国家情报评估》所产生的影响；另一个则简要探讨了在所发生事件中一些“人”和针对个人层面的问题。

接下来的分析是个人的、无疑有些与众不同的评估。它肯定不够完整，而且在某些方面可能是错误的。但我选择这样写，是因为我做出、塑造或认可构成和推动后文所描述的演变过程的大多数决定。从某种意义上说，本章主要讲述我在这一过程中学到了什么；当我回顾这一过程以找到有用的教训时，我发现了什么，以及我为纠正我判断为最有损产品质量的缺陷做了什么。当然，分析转型需要群策群力，有赖于不同人员的见解和倡议。我不清楚我的同事们在这一过程吸取了哪些教训，我也无意为其代言，但我兼任分析事务国家情报副总监和国家情报委员会主席的双重职务意味着，这里讨论的大多数问题的最终决定都是我的决定。虽然听起来有些自命不凡，但我认为，让读者了解我是如何看待和塑造这个过程的，比假装更客观更有益。归根结底，这是一个个人的故事。

伊拉克大规模杀伤性武器评估缘起

布什总统何时决定动用军事力量推翻萨达姆·侯赛因政权，只有他自己知道，但到 2002 年夏末，有关他将这样做的预测已经广为流传，而且常常被称为几乎确定无疑的事。[2] 8 月中旬，前国家安全顾问布伦特·斯

[1] 原注：改革和分析转型并没有在 2007 年结束。它一直持续至今，且应无限期地继续下去。

[2] 原注：例如，参见 Doug Bandow, “Don’t Start the Second Gulf War,” *National Review Online*, August 12, 2002, at www.nationalreview.com/script/printpage.p?ref=/comment/comment-bandow081202.asp。关于这一时期更详细的回顾，参见 Louis Fisher, “Deciding on War against Iraq: Institutional Failures,” *Political Science Quarterly*, 118:3

考克罗夫特（Brent Scowcroft）在《华尔街日报》上撰文称："关于攻击伊拉克的各种战略的泄密事件经常出现。"他的文章题为"不要攻击萨达姆"。[1] 9月初，国会议员敦促总统更好地说明对伊战争的理由。9月12日，布什总统在联合国大会的讲话中，详细阐述了伊拉克欺骗、违背对国际社会承诺的详情诉状。[2]

美国正在向伊拉克开战的感觉是显而易见的。9月20日，参议员罗伯特·伯德（Robert Byrd）将这种情绪描述为"战争狂热"。[3] 正是在这一背景下，也只有在那时，参议员们才会要求对伊拉克大规模杀伤性武器编制《国家情报评估》。在9月9日至9月17日发给中央情报总监乔治·特尼特的一系列信件中，他们要求《国家情报评估》解决一些"伊拉克大规模杀伤性武器计划现状"的具体问题。中央情报局和参议院情报特别委员会的工作人员进行了谈判，商定将2002年10月1日定为截止日期。[4]

92页的评估报告很快就制作完成了。9月23日初稿完成，9月25日各情报机构代表进行了讨论、辩论和"协同"。9月26日（星期五），修

(2003), at http://loc.gov/law/help/usconlaw/pdf/PSQ-Fisher.pdf。也可参见 Bob Woodward, *Plan of Attack* (New York: Simon and Schuster, 2004)。

[1] 原注：参见 Brent Scowcroft, "Don't Attack Saddam," *Wall Street Journal*, August 15, 2002, at www.opinionjournal.com/editorial/feature.html?id=110002133。同时可参见 Todd S. Purdum and Patrick E. Tyler, "Top Republicans Break with Bush on Iraq Strategy," *New York Times*, August 16, 2002, at www.nytimes.com/2002/08/16/world/top-republicans-break-with-bush-on-iraq-strategy.html。

[2] 原注：例如，参见 Alison Mitchell and David E. Sanger, "Bush to Put Case for Action in Iraq to Key Lawmakers," *New York Times*, September 4, 2002. The text of the President's U.N. speech can be found at www.cbsnews.com/stories/2002/09/12/national/main521781.shtml。

[3] 原注：伯德的评论，参见 *Congressional Record*, 148: S8966 (daily edition, September 20, 2002)。

[4] 原注：信函摘要，参见 SSCI 2004, Section XI。同时可参见 George Tenet, *At the Center of the Storm* (New York: HarperCollins, 2007), Chapter 17。

订稿送交各机构审查，10 月 1 日获得国家外国情报委员会的批准。10 月 3 日评估报告提交国会。[1] 虽然很想将所发生的事情描述为“求仁得仁”的典型案例，但我基本同意参议院情报特别委员会的判断，即“假以更多时间，分析人员可能有机会纠正这份《国家情报评估》中一些小的不准确之处，但委员会并不认为这份《国家情报评估》中包含的根本性分析缺陷是由于情报界完成评估的时间有限造成的”。[2]

评估能如期地快速编制完成，是因为情报分析人员，特别是中情局的分析人员，在一段时间内或多或少地一直在研究相关问题。[3] 关于这些问题的分析已与行政部门和国会的决策者进行过口头或书面沟通，因此特尼特、副国家安全顾问斯蒂芬·哈德利（Stephen Hadley）以及其他人对是否需要就这一问题编制一份《国家情报评估》提出质疑。[4] 大多数提供给白宫和国会的文件和简报，都是由中情局分析人员编制的，由于该机构的规模，及其作为向那些高级“用户”提供情报支持的主要来源公认的角色，通常情况下都是这样。我不知道要求就这一问题编制《国家情报评估》的参议员是否对他们从中央情报局得到的分析感到关切，或是否得知其他机构，特别是国务院情报研究局和能源部情报与反情报办公室对萨达姆的核武器计划有不同看法，但他们特别要求“由情报界所有相关部门编制一份协同的共识文件”。[5]

《国家情报评估》能够迅速完成的另一个原因是，大多数所要求的专题已经在现有“现成的”国家情报委员会和中央情报局产品中得到详细的处理。理解这一点至关重要，因为这些现有文件可以拼接组合，并根据需要进行更新，以应对国会的具体要求，更重要的是，当时情报界的标准做

[1] 原注：SSCI 2004, Section XI.
[2] 原注：SSCI 2004, Conclusion 89.
[3] 原注：Tenet, 321–322.
[4] 原注：Tenet, 321–322.
[5] 原注：SSCI 2004, Section XI, excerpt from Senator Durbin’s letter.

法是，将《国家情报评估》以前的判断，甚至是那些有不同意见的判断，视为继续有效；除非发生一些事，或者获得新信息，使得不可能简单地将过去“商定”的内容作为有关该主题新产品的适当起点。系统性“问题”并不是一个产品中的文字可以轻易地被剪切粘贴到一个新产品中，而更严重的是没有定期和严格地审查以前的所有判断及其所依据的基础情报报告。[1] 换言之，没有一个规范化或强制性的程序，根据新信息，包括来自旧情报源的新信息，重新评估既有判断。

回顾过去，我认为伊拉克大规模杀伤性武器评估的缺陷判断还有两个附加因素，即我们的工作背景和政治环境，以及中央情报总监特尼特认可的两个报告的影响。尽管对情报界为何未能发现“9·11”袭击的计划和准备工作最详尽、最具影响力的事后分析尚未完成，但截至2002年秋，重大的“教训”已经很清楚了，并得到了广泛的讨论。其中一个教训是，分析人员在评估可能性和概率时过于胆怯，未能积极阐述最坏情况。[2] 拉姆斯菲尔德委员会（Rumsfeld Commission）关于美国所受弹道导弹威胁的分析和建议，以及关于情报界在1998年5月印度核试验中表现的《耶利米报告》(*Jeremiah Report*)，都隐含着类似的指令，要求对“可能”发生的情况评估时，要更有前瞻性。[3]

---

[1] 原注：参见SSCI 2004。

[2] 原注：尽管国会联合调查的最终报告直到2002年12月才发表，而且也没有像我一样明确提出分析人员胆怯的问题，但我认为，该报告中总结的各种交流内容已经暗示了这样的建议，即分析人员应该比他们所做的更具有“前瞻性”，应该以促使决策者采取防御性措施的方式强调他们的前瞻性判断。参见Senate Select Committee on Intelligence and U.S. House Permanent Select Committee on Intelligence, “Joint Inquiry into Intelligence Community Activities before and after the Terrorist Attacks of September 11, 2001”, 107th Congress, 2d Session, S. Rept. No. 107-351, H. Rept. No. 107-792, December 2002, at www.gpoaccess.gov/serialset/creports/pdf/fullreport_errata.pdf。

[3] 原注：拉姆斯菲尔德委员会的正式名称是美国弹道导弹威胁评估委员会（Commission to Assess the Ballistic Missile Threat to the United States），该委员会于1998年7月提交报告。报告全文是保密的，但执行摘要可以参见www.fas.org/irp/threat/bm-threat.htm。

可以肯定的是，情报分析人员受到三重因素的影响：（根据拉姆斯菲尔德和《耶利米报告》）对大规模杀伤性武器界发出的具体指令，要求他们的分析要有前瞻性；从审查“9·11事件”之前的“错误”中吸取的教训；以及被参议员伯德比作“战争狂热”的华盛顿政治氛围。这并不是说我们容易受到“政治压力”的影响，或无意识地迎合高级决策者，我坚信事实并非如此。然而，我们当时所处的环境，特别是在审查大规模杀伤性武器问题时，鼓励做出“最坏情况”和“可能”（而非最有可能）的判断。这种影响可能是潜移默化的，而不是具体的，但分析人员偏向于坏的可能性，以便他们能够声称决策者得到了“警告”，这当然是可以理解的。

伊拉克大规模杀伤性武器评估的教训

参议院情报特别委员会和大规模杀伤性武器委员会已经对伊拉克大规模杀伤性武器评估进行过彻底分析，所以我不打算在这里重述其结论。但是，有必要提及我从这些研究及我自己重读评估报告中，得到的一些关键性经验教训，因为这些经验教训为我决定“修正”什么以及如何修正提供了依据。需要立刻补充的是，情报界其他工作者基本上吸取了同样的教训。在我有机会领导这项工作的时候，几个分析机构的管理人员已经开始实施纠正措施。这使任务从说服人们做一些他们认为不必要的事情，变成了评估、协调、整合的“最佳方案”，为所有机构制定一套单一的技术准则。分析人员和高级管理人员都急于纠正那些导致令人尴尬的失误，及对

由退役海军上将戴维·耶利米（David E. Jeremiah）撰写的 *Jeremiah Report*，评估了情报界在1998年5月印度核试验中的表现。该报告全文是保密的，但1998年6月2日，中央情报总监特尼特在参议院情报特别委员会的证词中对报告内容做了说明，参见 www.fas.org/irp/cia/product/jeremiah-decl.pdf。

我们分析人员和产品的严厉批评的不足之处。

伊拉克大规模杀伤性武器评估是缺陷数据、缺陷分析和缺陷过程的产物。因此，需要采取许多不同但相互关联的“修正措施”，以降低将来出现类似错误的可能。接下来的段落将介绍，我认为与报告的关键组成部分和报告的编制方式有关的最重要经验教训。这些教训与《国家情报评估》的分专题有关。

萨达姆的核武器计划

我必须以充分披露的名义说明，在评估的核问题部分，我不是一个不带偏见的人。作为主管国务院情报研究局的首席助理国务卿帮办，我出席了国家外国情报委员会会议，该会议批准了那份《国家情报评估》。因为情报研究局坚决不同意情报界其他机构关于存在重建核武器计划的协同判断，以及对用于支持这些判断的证据的解释，因此，在关键判断的第二句话之后，指出了情报研究局的异议，并紧接关键判断立即做出了阐述。[1]

多数人的判断是“如果不加以制止，它（伊拉克）很可能在这个10年内拥有核武器”，这一判断是基于7个分析支柱。其中6个支柱或指标在关键判断中得到阐述：萨达姆的个人利益；伊拉克志在获取高强度铝管、特殊磁铁、平衡机及其他特定机床的企图；重新建立并加强武器人员队伍；以及在几个可疑核基地的活动。第7个是从非洲获取铀的努力，这一点在文本提到了，但未在关键判断中体现。除了“萨达姆的个人利益”（所有的判断都认为，如果他能得到核武器，他希望拥有核武器）之外，所有“指标”都可做出其他解释，都可以貌似合理地（国务院情报研究局坚持的貌似更合理）解释为其他东西的指标。这里的重点不是吹嘘谁更明智，而更重要的是，强调否定替代假设和替代判断的危险性。

[1] 原注：解密的关键判断可以在“伊拉克大规模杀伤性武器”报告中找到。

在核问题部分体现的是一个比较普遍的问题，但在评估的这些部分，这个问题尤其有害。在我看来，这个问题就是，大多数分析人员和机构在处理核武器问题时，好像他们是律师在打官司，而不是作为分析人员试图解释现有的信息。换句话说，大多数人对每一项指标的解释，都是为了支持“萨达姆正在重建其核武器计划”的论点，并贬低或否定替代解释。从这一点得出的关键教训是，分析人员个体和编制评估（和其他分析产品）的过程必须完善和审查替代假设，并清楚地阐明为什么一种假设比其他假设更适合已知信息，或者当证据的性质使得无法确定哪种选择最有可能是正确时，要向读者说明。[1]

核问题部分也受到分析人员希望避免犯两次同样错误的影响。在第一次海湾战争之后，对伊拉克的检查表明，萨达姆的核武器计划比现有信息或分析人员推断的更多样，也更先进。由于“9・11 事件”，也由于 1991 年前未能发现伊拉克的核计划而受到批评，分析人员高估了萨达姆“拒止与欺骗”（denial and deception）的能力，实际上，他们将缺乏证据解释为证明隐藏他被假定正在进行之工作的措施是有效的。

化学武器

《国家情报评估》涉及化学武器的部分存在着类似上述的错误，但我想在本节中重点讨论其他三个问题。第一个问题是“证明他正在重建化学武器计划”的错误，可以概括为：“伊拉克知道如何制造化学武器，它过去曾生产并使用过化学武器，并且拥有生产化学武器的两用工业基础设

[1] 原注：考虑替代假设的重要性，参见 *Jeremiah Report*, the recommendations of the WMD Commission, and the Intelligence Reform and Terrorism Prevention Act of 2004, Public Law 108-458—Dec. 17, 2004, Sec 102 (b) (hereafter Intelligence Reform Act), at www.dni.gov/history.htm。考虑替代假设的规定，参见 *Intelligence Community Directive 203: Analytic Standards* (hereafter ICD 203), June 25, 2007, at www.dni.gov/electronic_reading_room/Information CommunityD%20203.pdf。

施，只待萨达姆决定这样做。”这一逻辑，结合伊拉克的“拒止与欺骗”能力，以及对可疑化学武器设施检查的阻挠行为，导致“即便我们找不到，它也必然在那里”的做法。[1]

第二个问题是图像分析人员的分析技术不足，误读并错误解释了军火转移的图像。简而言之，所谓化学武器弹药明确指标的主要证据是一种特殊类型的卡车——一辆水罐车的出现，实际上，在各种军火运输中，都会有这种卡车的出现。对证据的错误解读因实践而变得更加复杂，这些实践使专门分析人员没有必要向分析人员——他们负责将这些判断整合到更广泛的分析框架，解释他们是如何得出结论的。由此得出的关键教训是，程序必须更加透明，分析人员必须向同行“展示他们的功课”。说一句“相信我，我很专业”，不是在情报界工作的态度；我们需要采取里根式“信任但验证”的方法。

我想指出的第三个问题源于如下的事实：分析人员不是自动装置，更无法在与华盛顿政治氛围隔绝的情况下工作。像其他在华盛顿环城公路内外工作的人一样，分析人员每天都接触到参议员伯德所说的“战争狂热”。在我们准备评估时，我确定，许多分析人员和我都相信，美国军队入侵伊拉克只是时间问题。在那种氛围和这种预期之下，可能有一种更强烈的倾向，即对萨达姆将对美国军队使用化学武器的危险发出预警，而在其他情况下则不会有这种倾向。在情报界，客观性受到高度重视，我怀疑许多人或任何人有意歪曲了对萨达姆化学武器能力的分析。但是，分析归根结底是一系列本能判断。回过头来看，当时似乎有一种倾向，对萨达姆可能拥有的化学武器库存提出警告。除了认识到分析人员也是

[1] 原注：参见 Robert Jervis, *Why Intelligence Fails: Lessons from the Iranian Revolution and the Iraq War* (Ithaca, NY: Cornell University Press, 2010), Chapter 3; 及 Thomas Graham Jr. and Keith A. Hansen, *Preventing Catastrophe: The Use and Misuses of Intelligence in Efforts to Halt the Proliferation of Weapons of Mass Destruction* (Stanford, CA: Stanford University Press, 2009), Chapter 5。

人，在情报界工作的人也是爱国者，他们与穿制服的人有着强烈的友情；并且在关键时刻明确地询问，为了最大限度地减少我们部队所面临的风险，他们是否认为自己可能在某一特定方向上犯了错误之外，这个现实问题没有容易的解决办法。

生物武器

评估中生物武器部分出现了前一部分所描述的问题，但也有其他问题。第一个问题与“他过去曾拥有并使用过化学武器”的推理类似，列举了伊拉克可能正在研制并可能已经武器化的物剂。萨达姆对一些生物武器试剂发生的情况所做的不可信解释，以及对联合国视察员的干扰，被解读为他秘密拥有生物武器能力的支持性证据。在这里，他被指责的“拒止与欺骗”的能力，也被解释为支持他拥有我们无法发现的东西的论点。运用这种逻辑并不总是错误的，但在这样做的时候，必须查明并明确区分事实、假定事实和用于填补信息空白的假设。[1]

第二个问题广为人知，是依赖被称为“弧线球”的臭名昭著消息源的情报。他的情报称，萨达姆开发了生产生物武器制剂的流动货车，在全国各地移动，以防联合国视察员发现。为防止下一个“弧线球”事件，情报搜集者吸取了很多经验教训，并加以应用；但对分析人员有直接影响的是，首先由中央情报总监乔治·特尼特授权的一项要求，后来由国家情报总监约翰·内格罗蓬特扩大了范围，要求向分析人员透露更多关于情报源的信息。最初，这种情报源的信息仅限于国家情报委员会的极少数人以及《国家情报评估》的主要起草者，但后来扩大到更广泛的范围。关于某一主题，知道有多少不同的情报来源、情报来自美国还是外国搜集者、美国是否有直接的渠道，以及类似的信息，这对于分析判断个别情报的可靠性

---

[1] 原注：识别假设的要求已写入 ICD 203 中。

和根据这些情报得出的结论至关重要。[1]

生物武器部分和随后的无人飞行器部分，都体现了循环逻辑，即如果有更多时间，很可能会被发现，但即使被发现，也可能不会被纠正。简而言之，关于萨达姆重建生物武器计划的零星证据和推论被赋予了更高置信度，因为据称，他研制了无人飞行器来运载这种制剂。然而，在关于无人飞行器部分中，伊拉克拥有生物武器的说法支持了无人飞行器已被研制，并用于传播生物武器的判断。换言之，萨达姆一定有生物武器能力，因为他有运载生物武器的手段；无人飞行器的目的一定是运载生物武器，因为他有生物武器。两者都证实了对方的存在和目的，但都没有得到独立证实。

无人飞行器

除了循环逻辑问题外，关于无人飞行器部分也存在缺陷，部分原因是急于在商定的截止日期前完成评估，同时还有隐含的目的，即列入所有似乎支持萨达姆仍然拥有广泛和不断扩大的大规模杀伤性武器计划的论点，并在最后一刻才提出有关软件采购的材料，因此，很少有分析人员或机构有机会查看这些信息，更不必说思考它们了。我们现在知道，这些信息及其解读的方式是完全错误的，但这种"尽其所有"的驱动力，意味着这些信息都成为针对伊拉克的详情诉状的一部分。由此得出的教训很清楚：如果有新的信息可用，那么在对其进行适当评估之前，不应将其引入评估报告（或其他产品）中。此外，如果信息涉及一些重要的东西，那么应该推迟评估报告的生成，直至我们弄清楚我们所掌握的资料及其含义。回到故事的前面，这正是我们在 2007 年处理关于伊朗核计划的《国家情报评估》

---

[1] 原注：对情报来源的规范和判断的要求载于 ICD 203 and *Intelligence Community Directive 206: Sourcing Requirements for Disseminated Analytic Products*, October 17, 2007, at www.dni.gov/electronic_reading_room/ICD%20206,%20Sourcing%20Requirements.pdf。

所做的。我们在审查倒数第二稿时停止了这一过程，因为我们获得了新信息，显然有可能改变重要的判断。

过程缺陷

除了前一节提到的具体缺陷以及 SSCI 报告和大规模杀伤性武器委员会报告详述的其他缺陷外，伊拉克大规模杀伤性武器评估报告反映并强调了评估报告和许多其他产品在制作方式上的一些缺陷。可以说，这些过程上的缺陷比评估报告中的事实和分析错误更重要，因为它们反映出，情报界各机构在编写和提供分析产品的方式上存在更广泛的问题。上文已经提到了一些，但这个问题还需进一步讨论。

如前所述，伊拉克大规模杀伤性武器的评估报告，是通过拼凑和更新一个机构（大多数情况下是中情局）以前的协同产品和材料的论点和判断得出的。使用“现成的”产品是权宜之计——在分派的短时间内对伊拉克大规模杀伤性武器计划的情报进行零基分析是不可能的，但这也是一种“合乎逻辑”的方式，因为中央情报总监特尼特最初的立场是，由于其他文件已经充分涵盖了这个问题，所以没必要专门就这个主题制作《国家情报评估》。[1] 这样做的优势是“一致性”和速度，但实际上排除了仔细审查那些用于支持先前所达成判断的情报是否有效，以确定新信息是否证实或与先前已知的信息相冲突，以及随后的信息是否引起或减少了对特定消息源的了解或真实性的关注。它还可以有效地做手脚，防止出现反对意见和其他观点。

我想清楚地解释前一句话中的观点，也就是说，正是我们遵循的过程，而非个人性格或“政治化”，做了手脚，从而有利于以前阐明的判断和商定的立场，并反对挑战这些判断的论点。考虑到最后期限较短，在

[1] 原注：Tenet.

伊拉克大规模杀伤性武器评估案例中，这一特定的问题可能无法避免，但却可以更有效地得到缓解（见下文的讨论）。这个过程偏向于维持判断现状的方式可以概括为，除非有令人信服的理由表明这些判断不再合适，否则就会继续执行。如果只有一些具体解决问题的人重新审查了旧的证据和判断，那么要提出做出改变的理由就比较困难。可以理解的是，不愿意改变一个判断，从而承认错误，这一过程使一些分析人员和机构实际上成为现状的捍卫者，还给那些做额外努力的人增加了不合理的负担，以说服那些没有参与这项工作的人，接受在他们没有参与的情况下得出的结论。竞争和业内传说让特定机构或多或少看起来充满智慧，这进一步加剧了这一问题。而关键的决定因素必须是论点的质量，而不是何人提出的。

我要强调的更广泛教训是：现成的产品和过往的判断不能被当作神谕和神圣文本。它们只不过是分析人员在特定时间点使用可用信息得出的最佳判断。如果这个问题很重要，根据其定义，任何值得作为《国家情报评估》处理的问题都很重要，更好的方法就是回到起点，以开放的心态和决心重新审视所有的判断、基础评估和支持证据。从实际操作来看，大多数的消息来源和判断可能被重新确认，但这应该基于严格的情报技术，而非假定一切从头开始。为了吸取这一教训，我要求对所有评估报告进行零基审查。

根据随后的情报重新审查旧信息的需求，吸纳了伊拉克大规模杀伤性武器评估中得到的第二个教训，即有必要让分析人员更深入地了解搜集者所提供情报的性质。如前所述，这是以新程序形式确定和编纂的首批经验教训之一。到目前为止，分析人员和信息搜集者（或操作者）之间的隔阂相当深，而且相对而言，是不可逾越的。仅仅是稍微夸大了一下情况，分析人员就可以要求得到更多的信息，但却不能对提供给他们情报的来源或方法提出许多问题，除了在表面上接受搜集者对其信息来源的获取和真实性的判断，他们别无选择。顺便说一句，这是大多数分析人员喜欢外交报告的原因之一——人们总是知道它来自何处，传达信息的人希望它能被提供给美国政府。这不一定能确保信息是准确的，但它确实反映出有关个人或组织希望美国官员听到什么内容。

在伊拉克大规模杀伤性武器评估的缺陷显现后不久，特尼特要求，今后编制评估时应包括一份每个情报搜集部门负责人的正式书面声明，证明已对评估中使用该部门提供的所有情报进行重新评估，并向编制评估的人告知了重新评估的结果。这一正式声明仍然是必需的，但随着时间的推移，这一过程已发生变化，使情报搜集者在评估报告本身的生成过程中成为更重要的参与者；例如提醒分析人员何时对具体报告进行了或正在进行重新评估，特别是现在判断这些报告不如以前所表明的可靠时，并回答有关特定报告流中不同消息来源数量的问题。由此对过程的改变产生了许多有益的结果，其中包括对指定可靠度判断的标准和术语更加标准化，以及对具体关键判断的置信水平分配更加明确和一致。[1] 与大多数改革领域的情况一样，在这一点上进展显著，但还不够。

第三个过程缺陷，是独特的而非一般的缺陷，即同时发布了一份关于这一问题的非机密白皮书。在某些重要层面上，该白皮书与伊拉克大规模杀伤性武器的评估有所不同。从伊拉克大规模杀伤性武器事件一章得到的底线教训是，《国家情报评估》的任何非机密版本都必须尽可能准确和完整地反映机密文本中的内容。这一教训最终体现在国家情报总监迈克·麦康奈尔（Mike McConnell）编写的指导意见中。该指导意见在围绕发布伊朗核评估解密关键判断的喧嚣中发挥了关键作用，但这部分

[1] 原注：除第28条和第31条注释中引用情报界指令外，见所有评估都包含的“What We Mean When We Say: An Explanation of Estimative Language”一栏，“伊朗核意图及核能力”评估公开发布的这部分，参见 www.dni.gov/press_releases/20071203_release.pdf。

内容将被放在故事的后面细说。在这里我想重点讨论，如果情报界的判断成为公众对复杂的、有争议的、有党派问题的辩论一部分时，将会发生什么。

参议员理查德·德宾（Richard Durbin）在致中央情报总监特尼特的信中，要求制作“一份由情报界所有相关部门编制的协同一致的文件”，他还要求中央情报总监“编制该《国家情报评估》的非机密摘要……以便美国公众能够更好地理解这一重要问题”。[1] 在随后的几年里，要求提供非机密摘要或整个《国家情报评估》的请求变得司空见惯，但我肯定不记得当时的情况，也不记得我主管情报研究局那些年里（大部分时间担任助理国务卿帮办），被要求考虑提供我审查的一百多份评估报告中任何一份的非机密版本。我也不记得在国家外国情报委员会审议伊拉克大规模杀伤性武器评估时，讨论过是否或如何将其解密。当时，这一评估本身并没有被解密，但参议员德宾的要求得到了满足，提交了一份题为《伊拉克大规模杀伤性武器计划》的白皮书。[2]

白皮书的起源、与伊拉克大规模杀伤性武器评估的不同之处，以及传达的与之不同的印象，在关于情报界对伊拉克战前评估的 SSCI 报告第十节有详细描述。[3] 在这里，我想重点讨论背景、后果，以及更广泛的教训。这种背景的一部分是前景——2002 年 9 月，许多人会说有一种可能性，总统可能会下令使用军事力量对付一个没有攻击过美国或我们盟友之一的国家。“情报”和“情报判断”为公众提供了采取先发制人行动的理由，使人们认为，至少应与美国公众“分享”部分情报。简单地说，白宫希望发布某些基于情报的信息，以证明其战争的理由；国会议员也希望这

---

[1] 原注：SSCI 2004, 298.

[2] 原注：白皮书的文本，参见 www.cia.gov/library/reports/general-reports-1/iraq_wmd/iraq_oct_2002.htm。另外参见 Michael Isikoff and David Corn, *Hubris: The Inside Story of Spin, Scandal, and the Selling of the Iraq War* (New York: Crown, 2006), Chapter 8。

[3] 原注：SSCI 2004, 286–297.

样做，以解释为什么他们会批准或拒绝批准总统想要做的事。

关于伊拉克大规模杀伤性武器计划的白皮书，缘起于国家安全委员会代表委员会向中央情报副总监提出的请求。[1] 该任务于 2002 年 5 月分配给国家情报委员会。与评估报告一样，草稿大量引用了现有文件，也反映了与政府官员和国会共享的内容。白皮书的编写工作在春夏两季中一直停滞不前，部分原因是没有规定最后期限。但我认为，也是因为这一要求的性质表明，其目标是提出一个强有力的理由，即萨达姆的大规模杀伤性武器对美国利益构成严重而紧迫的威胁。作为一种艺术形式，白皮书通常是由行政部门准备的政策文件，用于对其想要做的事做出解释和证明。至少情报界一部分人对这种任务感到不舒服。此外，很难在非机密层面提出一个非常有说服力的理由，尤其是在包含信息空白、相互矛盾的情报以及适用于情报界评估其他注意事项的信息时。

不管那些委托编写白皮书的人的初衷是什么，实际发生的事实是：在伊拉克大规模杀伤性武器评估获得批准后，为满足就这一问题编写非机密文件的要求，该白皮书被匆忙地完成。它不是一个协同产品，也不是《国家情报评估》的非机密版本，但它被广泛地定性或解释为正是如此。除了具有《国家情报评估》大部分分析缺陷外，白皮书还有两个自身的严重缺陷。一个缺陷是省略类似于《国家情报评估》中的警告和限定词，以区分“事实”和“判断”，并表明分析人员对其所做判断的自信程度。结果，它显得比评估更明确。第二个缺陷是，它并没有明确指出在评估报告中强调的不同意见和替代意见的性质或影响。事实上，白皮书的措辞掩盖了分析中分歧的重要性。

对限定词的省略和对分析差异的掩盖，都是严重缺陷，因为它们向读者传达一种高于应有的知识水平和对判断的信心。评估报告正是如此：在

[1] 原注：国家安全委员会代表委员会是审议影响国家安全政策问题的非正式机构间论坛。

不完全了解的基础上，尽最大努力去对能力、意图和许多其他关键变量进行解读、解释和预测。任何评估产品，如果不能明确什么是已知信息的局限性，或存在可信的替代方法来解释已知信息，那么其传达信息的确定度就难以保证。决策者和情报界支持的所有其他人，都需要知道分析产品的注意事项和局限性。通常情况下，理解为什么存在分析差异，比谁提出某种观点，或最终证明哪种解读是最正确的更重要。如果某个判断基础不稳，决策者需要知道这个情况；如果使用相同信息的优秀分析人员得出不同的结论，那么很明显，对任何一种判断或替代判断都不能抱有高度的信心。情报改革立法授权进行替代分析，而《第 203 号情报界指令：分析标准》，旨在确保这一缺陷得到纠正。

非机密的白皮书也可能有另一种有害的后果。它的存在、它比《国家情报评估》短，并被广泛地解读为评估的非机密版本之事实，可能导致国会议员得出结论：他们没必要阅读关于该问题的高度机密（因此，阅读和使用更不方便）的分析。无论是因为更方便（为了阅读高度机密的文件，大多数国会议员，而非未获必要许可的大多数工作人员，必须到少数几个安全设施中去阅读，必须记住他们可以和不能公开说的内容），还是因为他们相信白皮书准确、充分地反映出较长评估的判断和置信度，似乎很少有国会议员在投票批准对伊拉克使用军事力量之前阅读过《国家情报评估》。达纳·普利斯特在《华盛顿邮报》上撰文称，2004 年不超过 6 名参议员阅读过这一机密评估报告。[1] 根据 2007 年对参议员的调查，《国会山》杂志报道了一个较高的数字（22 个）。[2] 尽管不可能说，如果更多的

[1] 原注：参见 Dana Priest, “Congressional Oversight of Intelligence Criticized; Committee Members, Others Cite Lack of Attention to Reports on Iraqi Arms, Al Qaeda Threat,” *The Washington Post*, April 27, 2004, A1。

[2] 原注：Manu Raju, Elana Schor, and Ilan Wurman “Few Senators Read Iraq NIE Report,” *The Hill*, June 19, 2007, at http://thehill.com/leading-the-news/few-senators-read-iraq-nie-report-2007-06-19.html.

议员阅读《国家情报评估》，授权对伊拉克使用武力的投票结果是否会有所不同，但至少值得注意的是，22 名声称读过该报告的议员中，有 9 名投票反对该决议通过（相比之下，在 77 名声称未读过该报告的议员中，只有 14 人投出反对票）。[1]

现有的信息并不能告诉我们，为什么那些阅读过《国家情报评估》的人依然会那样投票，但是评估中使用的限定词、警告和对不同意见的解释，可能会影响到其中一些人。尽管伊拉克大规模杀伤性武器的评估报告存在许多严重的缺陷，但它提出一些警告信号，即使对那些不了解关键判断的读者来说，这些信号也应该是显而易见的。它们包括：

- 我们**判断**伊拉克继续实施了大规模杀伤性武器计划。
- 我们**缺乏**关于伊拉克大规模杀伤性武器计划许多关键方面的**具体信息**。
- 我们**估计**萨达姆尚未拥有核武器或足够的材料来制造核武器。
- 我们**评估**巴格达已开始重新生产芥子气、沙林……
- 尽管**我们**对伊拉克的化学武器储备**没有什么具体的信息**……
- 我们**判断**伊拉克有一些致命的和令人丧失战斗力的生物武器制剂……
- 我们对自身**评估**萨达姆何时使用大规模杀伤性武器的**能力缺乏信心**。
- 目前，巴格达**似乎**正在划清界限，不对美国进行常规武器或生化武器的恐怖袭击……
- 情报研究局对伊拉克核计划的**替代看法**……
- 美国空军**认为**，伊拉克开发无人飞行器主要是为了侦察，而不是为了投送生化武器制剂……[2]

[1] 原注：Manu Raju, Elana Schor, and Ilan Wurman "Few Senators Read Iraq NIE Report," *The Hill*, June 19, 2007, at http://thehill.com/leading-the-news/few-senators-read-iraq-nie-report-2007-06-19.html.

[2] 原注：伊拉克大规模杀伤性武器报告（粗体字是后加的）。

之所以列举一些限定词，并且注意到阅读《国家情报评估》的参议员中，投票反对使用武力决议的比例比那些没有阅读过该报告的人高出很多，并不是要说该评估会比通常人们认为的情况好些，而是要强调，情报界与其支持者之间有必要进行更好的沟通，以确保收到的信息符合预期；同时，决策者需要了解评估分析的限定条件和局限性。在伊拉克大规模杀伤性武器评估的案例中，最准确的总结性声明应该是："我们判断伊拉克正在重建其大规模杀伤性武器的能力，但不知道该国是否已经这样做，也无法确定或具体地了解重建了多少，或需要多长时间才能完成该重建进程。"

本文的目的并不是研究总统何时或为何决定入侵伊拉克，也不是要追溯国会议员在被要求授权使用军事力量时为何那样投票。不过，我相信，有缺陷的《国家情报评估》本身并没有在这些决策中发挥重要作用。尽管在评估报告撰写之前和之后都摆出了政治姿态，我并未发现有任何证据表明，《国家情报评估》说服了政府对伊拉克实施侵略。如前所述，政府官员已经收到、审议并评论了伊拉克大规模杀伤性武器的情报判断，其中大部分是在《国家情报评估》公布前几个月由中央情报局提供的。国会议员再次听取同样的有关萨达姆大规模杀伤性武器分析结论的简报，大部分也是由中央情报局提供的。

这些信息有多少被记录在案？有多少人阅读了中情局和情报界其他部门定期发送到国会的分析产品？就像机密的评估报告，非机密的白皮书在授权使用武力的投票前一周被提交给国会，有多少人是受到这本非机密白皮书的明确影响，至少我是不知道的。但华盛顿是一个典型的政治城市，当战争陷入泥潭，美国没有发现大规模杀伤性武器，公众舆论开始反对战争，政治辩论变得更加党派化时，它需要一个替罪羊来指责。《国家情报评估》的明显缺陷使其成为一个完美的候选者。毫不奇怪的是，更多的精力被用于描述和谴责评估缺陷和情报界的无能，而不是审查官员为何做出那样的决定。

政治愤怒，无论真假，在华盛顿的半衰期通常都很短。然而这一次不同。尽管伊拉克大规模杀伤性武器的评估对发动战争的决定几乎没有影响，但毫无疑问，它在一些对美国外交和安全政策至关重要的问题上是错误的。伊拉克调查小组的中期报告（2003 年 10 月）和最后报告（2004 年 9 月）、参议院情报特别委员会发布的报告（2004 年 7 月），以及美国大规模杀伤性武器情报能力委员会（也称为大规模杀伤性武器委员会和西尔伯曼－罗布委员会，2005 年 3 月）发布的报告，都证实评估错误的程度。[1] 美国情报界在伊拉克大规模杀伤性武器问题上异常引人注目和明显的缺陷，为解决这些缺陷而提出的具体建议，以及“9・11”委员会产生并维持的政治势头，这些因素共同促成了《2004 年情报改革与恐怖主义预防法》。这项法律授权的变革，以及更重要的是，情报界高级分析管理者决心纠正明显的缺陷，使得有必要，也有可能从根本上改变情报界准备和提交分析结果的方式。

应用教训，改进过程，完善产品

尽管伊拉克大规模杀伤性武器评估中的分析技术，其质量不如国家情报委员会和更普遍的情报界所做的大多数工作，但这并不是一个完全的反常现象。我相信，《国家情报评估》可能很糟糕，但它的大部分缺陷在某

[1] 原注：“Statement by David Kay on the Interim Progress Report on the Activities of the Iraq Survey Group (ISG) Before the House Permanent Select Committee on Intelligence, The House Committee on Appropriations, Subcommittee on Defense, and the Senate Select Committee on Intelligence,” October 2, 2003, at www.fas.org/irp/cia/product/dkay100203.html；*Iraq Survey Group Final Report*, September 30, 2004, at www.globalsecurity.org/wmd/library/report/2004/isg-final-report/；SSCI 2004；and WMD Commission Report.

种程度上存在于诸多分析产品中。[1] 因此，我们的任务是“修正”整个情报分析体系。我决定把这项任务作为一项挑战，从自上而下和自下而上两个维度来处理。若要充分说明我们做了什么、为什么我们遵循选定的方法、我们如何完成任务，以及还有什么工作有待完成，将大大拓展本章的篇幅，并且远远偏离重点关注两个转折点式评估报告的初衷。但是，总结一些与本章重点特别相关的经验教训和纠正措施，是有用的。

吸取和应用的第一个教训是，必须进行系统的重新评估，并酌情对情报搜集人员准备和提供的情报信息（所谓的原始情报）进行重新描述。这种重新评估是在常规基础上进行的，但其结果并没有例行地与分析人员群体分享，而且在审查和编制《国家情报评估》之间没有建立定期的联系。乔治・特尼特在发现伊拉克大规模杀伤性武器评估明显存在重大问题，以及美国国务卿科林・鲍威尔在向联合国安理会阐述理由时使用有缺陷的情报，严重损害了美国领导层和情报界的地位后不久，就采取重要的步骤来解决这一缺陷。[2] 这些步骤包括授权各情报搜集机构负责人，对其机构提供的《国家情报评估》中使用的所有信息进行正式担保，并授权编写评估的分析人员获得更多关于信息来源的信息。

我不知道是否有情报搜集人员反对这些新程序，但在我 2005 年 5 月担任国家情报委员会主席之前，它们已经成为正常的《国家情报评估》过程的一部分。从我来到国家情报委员会工作，到 2007 年 12 月伊朗核问题《国家情报评估》公布的这几年，这些程序不断在演变。这一演变的结果是，在评估编制过程的各个阶段，以及使程序常规化过程中，情报分析人员和搜集人员之间的合作更密切（尽管仍然不够充分），以确保

[1] 原注：例如，参见大规模杀伤性武器委员会报告。

[2] 原注：鲍威尔于 2003 年 2 月 5 日在联合国的演讲，参见 www.globalsecurity.org/wmd/library/news/iraq/2003/iraq-030205-powell-un-17300pf.htm。另见 Tenet, Chapter 20；以及 SSCI 2004, Section VII。

通过与新信息的比较，重新评估旧信息，并根据新信息与以前所知信息的吻合程度对其进行评估。这么做的目的，不是简单地确定哪种信息是真的或假的，而是要交叉检查信息，并强调其他的可能性。如下文所述，到我们编制伊朗核问题评估报告时，要求对所有情报来源、这些情报来源所提供的信息，以及基于这些来源所做的判断，重新进行零基评估，已经成为一项重大任务。

第二个教训是，向决策者传递情报信息和分析判断的其他方法比《国家情报评估》更重要。在大多数评估编制完成时，致力于解决这个问题的决策者已经收到大量关于该问题的信息，包括原始情报和分析产品，也包括与他们定期交流的分析人员的简报和对话。决策者不读《国家情报评估》，这种说法经常被提起，这既是事实，也容易理解。处理这个问题的人应该，通常也是这样，基本上知道评估里都会说些什么，而那些不处理该问题的人往往忙到没空处理自己权限之外的事情。[1] 这并不意味着《国家情报评估》不重要（第 5 章讨论了为什么它们很重要），但这确实说明，简单地“修正《国家情报评估》的问题”，并不能充分满足决策过程中提高情报输入质量的需求。

提高情报界分析体系的质量需要几个相互关联的发展流。除非在所有方面都取得进展，否则任何一个方面都不能取得完全成功。为了简洁起见，我认为提高情报界整体绩效的最佳方法，是提高个体分析人员以及情报界每个分析单位的绩效。实现这一目标的必要条件，是改进培训、情报技术，以及透明度。

培训涉及多个方面，出于诸多原因，它是必不可少的。从第一个维度来看，需要发展和深化针对日益增多的高度复杂问题的专业知识，决策者希望在这些复杂问题上得到情报界的支持。[2] 这在一定程度上是一个职业

[1] 原注：参见第 5 章。
[2] 原注：参见第 2 章。

发展的问题——将分析人员分配到能利用其专业知识和经验的部门，让他们在该部门工作足够长的时间，以加深他们对该主题的了解，并在拓宽或进一步深化专业知识的同时，根据他们所掌握的知识发展其职业道路。这样做是必要的，因为大多数情报机构通过优化灵活性来适应后冷战时代早期的不确定性，要求分析人员频繁地从一个部门转换到另一个部门，进而强调多样性，但这是以牺牲专业知识的积累为代价的。换句话说，我们训练的是实用型内野手，而不是末局的替补投手。

培训挑战的第二个维度，一般来自情报界，特别是分析人员群体的人员结构。由于 20 世纪 90 年代的缩编、减员增效、招聘冻结等原因，情报界人员的年龄结构向老龄、低龄两端倾斜，高龄的“婴儿潮”一代的人数相对较少。大约 60% 的人员在“9・11 事件”之后加入情报界，而正值壮年的人则很少。情报界传统的行会式培训和指导方式，完全难以满足大部分员工快速提升学习曲线的需要。我们需要新的方法灌输情报技术、实务知识和管理能力。

培训挑战的第三个维度，是确保分析人员理解并知道如何应用分析技术。对大多数人来说，这意味着要加强他们在大学和研究生院接受过的纪律培训，但还必须确保所有分析人员都知道，为防止伊拉克大规模杀伤性武器评估事后分析所强调的那种分析缺陷，必须采取什么措施。其中的理由既简单又直截了当；如果我们要让个人（和机构）对其分析技术的质量负责，我们必须确保他们获得必要的技能，并知道如何应用它们。为实现这一目标的初步措施，包括一门名为“分析 101”的新课程（现在称为“批判性思维和结构化分析”）。该课程由我的分析完整性和标准团队与来自整个情报界的培训专家共同开发，并且在每个机构进行后续指导。[1] 这项培训的最低目标之一，是确保来自所有机构的分析人员都得到同样高质

---

[1] 原注：参见 Nancy Bernkopf Tucker, “The Cultural Revolution in Intelligence: Interim Report,” *The Washington Quarterly*, 31:2 (Spring 2008), 47–61。

量的指导。许多培训项目，如“分析 101”，是与整个情报界的学生一起上课的。这种“联合培训”使他们能够建立人脉网络，并促进协作和分工，因为分析人员和管理人员现在可以确信，其他地方的同事已经接受同样的培训，并使用相同的标准进行评估。

分析技术是对《第 203 号情报界指令：分析标准》和《第 206 号情报界指令：传播分析产品的情报源要求》中编纂的一系列实践的简称。[1] 这些标准的制定是为了满足 2004 年 12 月情报改革立法的要求，以纠正伊拉克大规模杀伤性武器评估所暴露的评估缺陷。它们包括：

- 适当地描述情报来源的质量和可靠性。
- 适当地警告和表达分析判断中的不确定性或可信度。
- 适当地区分基础情报和分析人员的假设和判断。
- 在适当的情况下纳入替代分析。
- 运用逻辑论证。
- 展示与以往判断的一致性，或强调变化。

除了在培训项目中的中心地位外，这些标准和相关标准也构成评估分析产品质量的标准。各个机构使用这些标准来评估自身的绩效和（或）决定评估产品何时可以公开。它们还用于评估各情报分析单位对选定主题所做的评估；这些评估的结果每年都会向国会报告。[2]

情报技术标准的一个核心特征是对透明度的需求，读者必须能够遵循并在适当的情况下重建论点的逻辑、用来填补信息空白的假设、评估可靠性和分配给不同情报来源的“权重”，以及为什么特定来源和替代假设被

[1] 原注：ICD 203 and ICD 206.

[2] 原注：送交国会的报告是机密的。它们讨论的是整个情报界的表现，而不讨论、比较或类比各个情报机构的表现。

判定为说服力较弱。换种方式表达，就是分析人员必须“展示他们的功课”，他们的分析必须是“可复制的”，即一个科学实验可以被复制，以确定其他人是否也能得到同样的结果。

可能有关透明度最重要的方面——这一判断也是我从伊拉克大规模杀伤性武器评估案例中吸取的教训之一（也包括前面提到的诸多因素），是需要清楚地解释已知的、推断或推测的、假设的，以及对分析论点至关重要的其他东西。另一个相关的维度，是需要向情报接收者表明何时、如何以及为何能够访问相同信息的分析人员会做出不同的判断。如果以不同的方式权衡信息，或使用不同的假设来弥补空白，从逻辑上讲会得出不同的结论，而一旦知道这一事实，就必须立即向决策者披露。这样做的必要性是我作为情报分析事务国家情报副总监和国家情报委员会主席最先吸取的经验教训之一。

从伊拉克大规模杀伤性武器事件的事后分析中吸取和落实经验教训是很重要的，但这不是也不应该是首要目标。在我看来，首要目标是一个包含许多相互关联元素的复合型目标。提高对国家安全体系的情报支持质量，显然具有重要意义。如果我们不提高所搜集情报的质量和效用，如果我们没有对提供给用户的情报解释进行改善，那么为响应情报改革立法中规定的要求，或由我和情报界其他领导人发起的其他变革，都不值得我们付出努力。

采用和实施情报技术标准，可以跟踪并在某种程度上衡量产品的改进，但质量改进本身是不够的。我们不仅要把产品做得更好，还必须让别人看到我们做得更好。换种说法，就是我们必须重新获得我们在行政部门、国会以及盟国和伙伴政府中用户的信任。套用一个旧的广告语，我们必须赢得官员的信任，他们认为自己曾被情报界伤过，而且在某些情况下，他们投入了大量的政治资本，去公开批评情报界的分析产品。媒体评论员不断的恶意中伤使重拾信心的任务变得更复杂。他们在大多数情况下从未见过情报界的分析产品，但却从没打算放弃能够吸引眼球的爆料。[1]

认识到这一点，我将恢复对情报分析人员和我们工作的信心作为我的最优先事项，向白宫和行政部门其他人、国会、总统情报咨询委员会和我们自己展示明确和持续的改进。我决心做到这一点，部分是通过迅速行动，制定和实施新的情报技术标准和其他措施，纠正伊拉克大规模杀伤性武器案例中突出的实质性和程序性缺陷，同时确保我们的监督委员会以及总统情报咨询委员会的成员和工作人员明白我们在做什么。我们有一个计划，正在明智地着手实施该计划，而且打算随着我们的进展而改进该计划，而不是试图在第一次就完全正确。我们帮助那些我们必须说服的人，告诉他们在我们的产品中应该注意什么，并在应邀提供口头简报时，指出我们如何以不同的方式做事情。在大多数情况下，批评者和怀疑论者都成了殷勤的监督者。他们希望我们成功，并逐渐提供积极的反馈。这对解决所有分析人员因伊拉克大规模杀伤性武器事件恶化的士气问题有很大帮助。

即使有强力授权改变情报界业务开展方式的方方面面，进步的车轮往往依旧转得很慢。对改革的许多方面来说，情况都是如此，即便是得到广

---

[1] 原注：两种反复出现的批评是：情报界仍然不能“把情报点连起来”；继续在“地盘争夺战”上浪费精力，牺牲的是不明确但可能更重要的目标。很少有人试图解释这些批评的含义，或者是在这些重复提及的没有上下文的例子之外，提供更多的说法。例如 David Goldstein, “14 Intelligence Failures Found in Christmas Day Bomb Attempt,” *McClatchy Newspapers*, May 18, 2010, at www.mcclatchydc.com/2010/05/18/94417/14-intelligence-failures-found.html；David Ignatius, “Dennis Blair Erred—But He Had an Impossible Job,” *The Washington Post*, May 20, 2010, at http://voices.washingtonpost.com/postpartisan/2010/05/dennis_blair_erred_—_but_he_h.html；Shane Harris, “Too Much Information,” *The Wall Street Journal*, February 13, 2010, at http://online.wsj.com/article/NA_WSJ_PUB:SB10001424052748704820904575055481363319518.html；以及 Kasie Hunt, “Intelligence Agencies' Internal Turf Wars,” *Politico*, January 20, 2010, at www.politico.com/news/stories/0110/31686.html。

泛支持的改革。我对分析转型的基本方法是咨询、确定最佳实践、引导思路、培养改革拥护者，并在强制实施之前获得认可。这种方法的缺点是需要时间，而我偏偏没有充足的时间。也许强调这一点最简单的方法，是引用我在国家情报总监办公室担任新职务大约 10 天后，与众议院情报常设特别委员会主席彼得·胡克斯特拉（Peter Hoekstra）的谈话。在我概述我的愿景和方法之后，这两点在当时都是相当初级的，他问他能做些什么来帮助我。当我回答说我需要时间，在不破坏任何东西的情况下实现变革转型时，他打断我说，时间是他所不能给我的。就他而言，我必须迅速行动，并且展示我正在这样做。我听懂了他的话。虽然在工作不到两周的时间里被告知我需要加快行动，这有点让人恼火，但我立刻明白，我将在一个速度至上的政治环境中开展工作。换句话说，国会认为，它已经通过改革立法，“修正”了情报机构的问题。如果不能立即展示具体的成果，就会被解读为无能或官僚主义的顽固不化。我想起大规模杀伤性武器委员会报告中的声明，指出情报界抵制外部建议的记录几乎完美无缺。[1]

经过深思熟虑，我意识到，由于我的两个正式职位而拥有的权力，与通过授权改革情报界两个旗舰产品——《国家情报评估》和《总统每日简报》，而改变整个情报界分析技术的机会之间，出现一个偶然的交集。国家情报总监约翰·内格罗蓬特已将这两项工作的责任委托给我。要对其中任何一项进行变革，我只需征得他的同意。我建议指导《总统每日简报》和《国家情报评估》立即开始纳入特定的变革，例如探索替代假设和明确解释分析的差异。内格罗蓬特批准了我的提议，这些变革也立即生效。

对定向变革的抵制很小，部分原因是其他高级分析管理人员认识到，有必要改进分析产品中使用的情报技术。对《总统每日简报》实施改革的重要性不言而喻。这有多方面原因，其中最重要的一点是，这样做，在将该简报从中央情报局的专属产品转变为一个情报界产品（尽管中情局占主

---

[1] 原注：WMD Commission Report, 6.

导地位的全源分析人员继续起草最多的资料）的同时，解决了在我看来伊拉克大规模杀伤性武器事件事后分析所确定的最重要的过程问题之一。鉴于在高级官员已经接受、内化并根据《总统每日简报》等机制传递的信息发表言论或采取行动之后，改变他们的想法有多困难，因此，必须在第一时间就把事情做对，并明确告知我们所知的局限性和存在其他解释，这是至关重要的。我们现在比以往做得更好。

对《总统每日简报》和《国家情报评估》进行这些和其他变革，对整个美国情报界的分析产品生成产生了额外但同样重要的影响。这些出版物被认为是最负盛名，甚至最重要的情报界出版物，这一事实使人们很容易将它们作为积极的榜样。如果特定的分析技术适用于这些产品，那么分析人员和机构为什么会对其他评估采用不同的标准呢？换句话说，授权对这些旗舰产品进行变革，重新定义了衡量其他产品的标准，而且比正式通过一项授权新程序的情报界指令（需要两年）更快，也可能更有效。[1]

特别值得一提的是，对《总统每日简报》和《国家情报评估》的授权变革带来两个下游效益。由于《国家情报评估》的编制必然涉及对所涉主题具有专门知识的所有机构的分析人员（实际上，这通常意味着除少数机构以外的所有机构都要参与），因此，它能提供一个很好的平台，展示和教授如何应用新的分析标准。随着时间的推移，来自整个情报界的数十名分析人员参与了这些实质性的辅导，并能够与其所属机构的同事分享如何应用所学知识，以及为何这么做很重要。另一个效益是，情报分析管理人

[1] 原注：我利用国家情报委员会和《总统每日简报》尝试新做事方式的一个说明性例子是，我指示负责分析完整性和标准的第二副手理查德·伊默曼（Richard Immerman）参加《国家情报评估》的“同行评审”会议，并授权他在认为适当的情况下对情报技术问题实施干预。起初，他被许多召集这些会议的国家情报官视为闯入者，但仅仅几次会议之后，他就受到了欢迎，成为一个有价值的参与者，他的贡献强化了国家情报官们在执行情报技术标准方面的权威。同样具有启发性的是，在他参加之前，我们必须获得情报界律师的批准。

员逐渐认识到，采用一套标准——在《总统每日简报》上发表和向国家情报委员会提交草案所需的标准，比为主要出版物制定一套标准，又为自己的产品制定另一套标准更方便。因此，简化评审程序的多项独立决策，以及通过将“我的”标准变成“他们的”标准，来指导初级分析人员，与其他方式相比，更迅速地实现了变革，并减少不满情绪。

快速行动的能力、解决事后分析所强调的关键缺陷的机会，以及利用对《总统每日简报》和《国家情报评估》采取不同做法的示范效应的愿望，是首先关注这两条产品线的重要原因，但它们还不是我这么做的最重要的动机。最重要的动机，是我对政治环境的直觉，并坚信：如果我们要重新获得用户和监管者的信任和信心，我们就必须取得成果。在这一点上，我的主要受众有三个：政府高级官员、国会监督委员会和总统情报咨询委员会，以及情报界高级官员。

接触政府高级官员的主要工具，是《总统每日简报》。虽然这些官员同意而不是领导了情报改革的动力，但在我看来，毫无疑问，我们已经在我们最重要的用户那里损害了自己的声誉。我们必须重拾他们的信心，而最重要的方法就是改进《总统每日简报》。[1] 出于对伊拉克大规模杀伤性武器评估的高度关注，而非其历史重要性的原因，国会监督委员会和总统情报咨询委员会成员已经将《国家情报评估》作为情报界分析能力最重要的指标。不管他们多频繁或多认真地阅读《国家情报评估》，也不管其他分析产品实现多少改进，至少在一段时期内，评估报告都是衡量情报界表现的试金石。如果我们没有体现出在《国家情报评估》技术上稳定而显著的改进，我们，还有我本人，将被判定为失败。如果我们被判定在《国家

---

[1] 原注：《总统每日简报》既是一种特定的情报产品，也是一种过程。通过这一过程，向国家安全机构高级官员传达共同的核心情报和情报衍生见解，并通过该过程向情报界传达问题和任务。虽然这里的重点是情报产品，但对过程的变革也同样重要。更多细节，参见 Fingar, “Office of the Director of National Intelligence”。

情报评估》方面正在取得进展，我们就会赢得时间和余地，以便在其他领域实现变革。

情报界高级官员是第三个主要受众。国家情报理事会确定何时公布评估报告。而作为国家情报理事会的成员，他们对《国家情报评估》的质量和裁决包含有个人利益和机构利益。被决策者和（或）监管者判定为存在严重缺陷的评估，会损害他们以及我本人和国家情报委员会的声誉。此外，如前所述，在本文所述期间，国家情报理事会的 4 名成员，也是国家外国情报委员会的成员，而正是国家外国情报委员会批准了备受批评的伊拉克评估报告。对一些人来说，把事情做对既是个人的目标，也是职业的目标。但这群人之所以成为目标受众之一，还有其他原因。所有人都是我的朋友和长期同事，但并不是所有人都对我作为分析事务国家情报副总监所推动的其他变革满怀热情。[1] 通过积极接受《国家情报评估》来建立信誉和信心可能对我有所帮助；对《国家情报评估》的不良反馈，肯定会使我更难实现需要他们合作和支持的其他目标。

从一般意义上讲，对于所有《国家情报评估》来说是正确的东西，对我们在 2006 年开始编制“伊朗核意图及核能力”的评估来说，肯定也是正确的。我们期望这份评估报告会受到非常严格的审核，个中原因有很多：因为它涉及一种大规模杀伤性武器，因此将为与伊拉克大规模杀伤

[1] 原注：引起怀疑或反对的工作，包括计划对整个情报界分析人员进行“分析 101”的联合培训（而不仅仅是与本国机构的其他分析人员一起培训），通过称为“A 空间”的合作工作空间向“所有”分析人员提供更多文件，并使任何分析人员都能发现所有传播情报的存在，但不一定能获得这些情报。关于“A 空间”，参见 Larry Shaughnessy, “CIA, FBI Push ‘Facebook for spies’ ”, at www.cnn.com/2008/TECH/ptech/09/05/facebook.spies/index.html；以及“Time’s Best Inventions of 2008,” *Time*, October 30, 2008, at www.time.com/time/specials/packages/article/0,28804,1852747_1854195_1854171,00.html。关于可发现性，参见 *Intelligence Community Directive 501: Discovery and Dissemination or Retrieval of Information within the Intelligence Community*, January 2009, at www.dni.gov/electronic_reading_room/ICD_501.pdf。

性武器评估进行比较，提供现成的基础；因为它是在日益激烈的党派政治背景下进行的；因为许多人，特别是国会议员，期待《国家情报评估》的判断将是对伊朗政策决定的关键投入；还因为它显然是评估情报界能否从伊拉克大规模杀伤性武器评估的事后分析中吸取和应用教训的一个候选指标。如果这一评估被判定准备不充分，我们已经完成的其他一切工作以及刚刚开始获得动力的许多脆弱但有希望的改革，就有被贬低或忽视的真正危险。我们必须把这件事做好，而且我们必须让人看到我们把这件事做好了。这其中的利害关系实在是太大了。

“伊朗核意图及核能力”评估

编制《国家情报评估》基本上有三个理由：决策者提出要求；新信息使得重新审查和更新先前审查过的问题变得适当或必要；情报界高官，通常是但并不总是在国家情报委员会任职的高官，不愿意重复对重要问题的判断，而这些问题在几年以上或在某些情况下几个月都没有被重新审查过。编写《国家情报评估》的意愿，也是国家情报官和具备必要专业知识的其他人员之间实现竞争需求的一个功能。虽然情报界规模很大，但对大多数《国家情报评估》专题具有专业知识的分析人员却少得可怜。而且，由于上一节所述的理由，参与预期伊朗核评估的门槛比正常情况下要高。[1]

---

[1] 原注：评估报告可以，而且往往确实发挥了非常重要的教学作用，可使经验较少、往往较初级的分析人员接触到多年，甚至几十年来一直在处理某一特定问题的同事的思维和专业知识。事实上，我认为这可能是《国家情报评估》过程最重要的功能之一，因为它直接和间接地提升了处理主题的个人技能和机构能力。如果这些主题不具有高度和持续的重要性，就不会被纳入《国家情报评估》来处理。然而，在伊朗核评估的案例中，我有意识地决定避开辅导方面的好处，而倾向于展现出快速处理大量复杂信息的能力和才干。

2006年年末，我同意对伊朗核活动进行新的评估。我之所以这样做，第一个理由是伊朗不顾国际社会劝阻，仍在紧锣密鼓地推进其离心机计划。伊朗的进展和顽固不化的态度结合在一起，自然引出“伊朗还有多久才能得到核弹”这样的问题，使我们有必要重新评估我们的时间线。第二个理由是，我的一些资深分析人员对根据在某些情况下是几年前的信息来证明目前的判断感到不安。现在是时候重新审视构成我们判断基础的问题和情报了。我的第三个理由是，我有信心，我们已经准备好迎接对该评估审查的“重大时刻”。我们在过去18个月里实施的改革正在起作用，我对在国家情报官主持下为大规模杀伤性武器和中东编写的其他产品的技术水平和质量感到非常满意。当时，我这么做的理由还不包括国会因担心政府准备入侵伊朗而提出的要求和施加的压力。[1] 这是后话。这种担忧的最初表现之一，是列入一项要求，即在2007财政年度《国防授权法》颁布日期后的90天内，提交“关于伊朗的全面《国家情报评估》”。[2] 为了使这项任务更易于管理，我们最终达成协议，提出三份专业性评估，而不是一份全面的评估。

由于现有材料数量巨大，这是一项非常繁重的工作。情报界加紧搜集伊朗情报的努力，而这些努力开始取得成果。这项工作包括重新评估所有以前的判断以及它们所依据的情报报告。关于核活动的评估初稿约有150页，但其判断与2005年5月伊朗核计划“持有人备忘录”中的判断基本相同。“持有人备忘录”是一个术语，用来表示对以往《国家情报评估》的“更新”，它考虑的是对某一问题的最新评估公布之后获得的信息，而

[1] 原注：参见 Hersh, “The Iran Plans”。这是对即将发生的攻击表示关切的最早也是最有影响力的来源之一，但至少在我的经验里，这种关切在2007年之前一直处于相对较低的水平。

[2] 原注：参见 Public Law 109-364, October 17, 2006, Section 1213, at http://frwebgate.access.gpo.gov/cgi-bin/getdoc.cgi?dbname=109_cong_public_laws&docid=f:publ364.109.pdf。

不对所有以前的判断和情报进行零基审查。

在接下来的几个星期里，该草案在国家情报委员会内部接受了严格的同行审查，并在开始正式“协同”过程之前进行重组、修订和澄清。参与协同过程的各机构都独立审查了草案，这些机构的代表参加了为期数日的会议，就文件的各个方面展开讨论和激辩。草案经过修订后再次提交正式协同。这个周期经历了好几次。6月初提交给我的“倒数第二稿”草案，基本上再次确认了2005年更新版的判断，但更加明确。我们正准备安排一次国家情报理事会的会议，以审议这一评估，但由于有了新信息，我们不得不中止了这个进程，直到我们确定我们所掌握的信息，以及是否有必要修改我们的任何判断。

长达数年获取更多情报的努力，在2007年上半年产生大量新的信息流。一开始我们并不知道我们到底掌握了什么，因为还没有评估和审查新信息，以确定其是否可靠。那些要求并期待对伊朗核能力做出新评估的人在被告知我们将不得不推迟完成工作后，他们感到很不高兴，这种情绪一直持续到我们评估并酌情纳入新信息。

在接下来的几个星期里，我和负责大规模杀伤性武器的国家情报官范迪彭（Vann Van Diepen）会见了几位国会议员，其中一些人会见了多次。我们有时一起会见，有时单独会见，有时由在特定问题上拥有专业知识的分析人员陪同。在这些会议上，我们均向高级行政官员提供同样的最新情况，说明我们正在了解的和从新情报中获得的情况。我认为，这些简报的接受效果非常好。我相信，它们证明，或者说在很大程度上证明，我们恢复对我们能力和诚信之信心的努力是成功的。我听到许多类似“好的，我相信你”之类的话，这让我感到欣慰。我明白，这在一定程度上是对我个人说的。但我选择相信，这个“你”指的是国家情报委员会和至少是情报界的一些其他部门。我们已经开始从伊拉克大规模杀伤性武器评估造成的阴霾中走出来。

新情报流非常脆弱。令人震惊的是，有人或某些人感到不得不对其进行猜测或吹嘘。我不做评论，只想说，我认为情报界或政策界的任何成员以这种方式违反保护这些信息的法律、个人承诺，以及职业道德，是非常令人痛心的。我认为，只要这样做一次，就应该失去审查资格，并立即予以解雇。

我们处理新信息时，需要对所有报告和所有可能受到新情报影响的判断进行另一次零基清除。我们使用旧报告中的细节来评估新信息，并使用新信息检查以前所掌握信息的准确性和可靠性。在我们必须解决的诸多问题中，其中一个问题是：新获得的信息是真实的，还是为了误导我们而提供给我们的。按照新程序，我们进行了多次独立检查，并最终在《国家情报评估》正文附件中列入关于新情报及其反映的“伊朗核意图和能力”的若干“替代假设”。我们以我们能想到的各种方式对这些信息进行了检查和复核。

在对新信息得出判断之后，我们重新审视对有关问题的判断，以确定新信息和关于旧信息的新见解是否密切相关。我们会重新撰写评估报告，并再次进行正式协同。考虑到国会的强烈兴趣，以及我们似乎可能改变 2005 年更新版中一个判断，以及以前的几个评估，并确信这一评估将受到比我在项目启动时预想的更严格审查，我采取了前所未有的措施，请评估情报界产品的分析完整性和标准团队对提交协同的草案提出批评。该团队（至今我也不知道到底是谁评估了草案）指出几处需要进一步完善的地方，但该草案在所有情报技术标准上，都被给予了很高的评价。提交国家情报理事会成员审查的倒数第二稿长约 140 页，包含近 1500 项情报来源说明，在我们重编评估以纳入新信息时，所有这些说明都被重新审核了一遍。

尽管我们提供的许多进度报告简报得到普遍积极的反应，但国会越来越迫切地想得到最终产品。国家情报总监迈克·麦康奈尔承诺在 11

月底交付。为了在最后期限内完成，我们向国家情报理事会成员提供了倒数第二稿草案，以便他们能够比通常情况下更早地介入这一过程。如果我们有任何错误，我想知道到底是什么。如果有人不同意暂定的判断，或者认为其中一个“不太可能”的替代解释需要更加突出，或有更高的可能性，我也想知道。情报理事会每个成员都知道其中的利害关系。如前所述，我们中有四人曾经是批准伊拉克大规模杀伤性武器评估委员会成员。我们非常认真地对待我们的责任。高级官员询问了他们自己的分析人员，并来到会议桌旁，准备就评估的各个方面进行严肃的讨论。这种参与程度和在会议前处理问题的能力，与 2002 年的情况形成了鲜明的对比。当时，我们大多数人只是在参加据说是最后一次伊拉克大规模杀伤性武器评估会议时，才接触到一些情报和对其意义的评估。

鉴于随后发生了伊朗核问题《国家情报评估》的公开争论，必须为批准该评估的国家情报理事会会议上的讨论和决定提供背景。我认为这一背景的重要内容包括：

- 长期以来一直在讨论关于公开《国家情报评估》非机密的关键判断或更多延伸部分的决定，将如何影响与联络伙伴的情报交流，以及如果分析人员认为文本将被公开，他们是否会，甚至在潜意识中，以不同方式构建他们的论点和评估。麦康奈尔在会议前不到两个月发布了指导意见。他在指导意见中表示，国家情报总监的政策是**不对**《国家情报评估》解密，同时规定在特殊情况下解密的严格标准。[1]
- 在我们处理、评估和解读新情报的整个过程中，情报界高级官员持

[1] 原注：参见 “Guidance on Declassification of National Intelligence Estimate Key Judgments,” October 24, 2007, at www.fas.org/irp/dni/nie-declass.pdf。

续参与的程度，使我们不得不回到起点，将完全重编评估的关键部分。在座的每个人都了解情报来源的敏感性和脆弱性，也知道拟议的文本将改变对伊朗核计划的一项关键判断，而这一判断在美国防止伊朗获得核武器的外交战略中占据重要地位。

- 参加会议的大多数人，自 2005 年国家情报理事会成立以来一直是该理事会的成员，他们审查了许多以前的《国家情报评估》。他们掌握一手信息，知道引入新的情报技术和程序要求，会如何改变和改进《国家情报评估》。他们根据经验对这一过程的完整性和彻底性有信心，同时从经验中认识到，会议的目的是进行认真讨论，修订文本，以提高清晰度，并对产品进行最后的“成人监督”，以及如何向决策者、外国联络伙伴和任何其他有关方提交这一评估。
- 理事会 6 名成员目前担任的职务是由布什总统提名，并经参议院确认的。我是理事会中第 7 名被布什任命的成员，但我辞去了参议院任命的情报研究事务助理国务卿一职，担任分析事务国家情报副总监。这不是一个“反布什”的小圈子。[1]

讨论会议的任何细节都是不恰当的，但某些方面已被公开，有必要在这里重复一下。第一，会议一开始就明确决定不发布非机密版本的评估报告或其关键判断。与会的所有人都明白，我们将审查和修订一份机密文件的文本，以便为了解这一主题和相关问题的决策者提供决策参考。我们可不是在为普通听众撰写报告。第二，作为一个团队，我们相信情报界的工作已经做得很到位，有证据支持我们的判断，而且在评估附件中彻底考虑了各种替代办法，并在正文中做了适当的总结。第三，之前关于这一问题

---

[1] 原注：例如，参见 John Perr, “GOP in 2007: CIA ‘Misleading,’ and ‘Anti-Bush Cabal’ behind a ‘Coup d’Etat,’ ” Crooks and Liars, at http://crooksandliars.com/jon-perr/gop-2007-cia-misleading-anti-bush-cabal。

的评估中提出的大多数判断都得到重新确认，在大多数情况下，由于获得了更多信息，可信度更高。一个非常重要的例外是 2007 年评估中的判断：基于经反复核实的新信息流，伊朗在 2003 年停止了其核计划的武器化部分。理事会认为，这一判断非常重要，应将其作为开头语，并应紧随其后做出相应的判断，即德黑兰至少保留了发展核武器的选择。[1] 突出已经改变的判断，也符合《第 203 号情报界指令：分析标准》的要求。

国家情报理事会建议批准该评估，并对关键判断进行了具体修改，最终版本于 12 月 1 日送交政府行政部门和国会。在评估报告定稿的几星期前，两个部门的高级官员被告知，先前评估报告中大部分关键判断将在新评估报告中得到重申，但情报界可能会改变对伊朗是否在尽快获取核武器或是否已经暂停该计划中武器化部分工作的判断。两个部门中被告知这一点的官员并不多，但所有被通报的官员都被告知同样的情况。直到国家情报总监接受了国家情报理事会的建议后，情报界的判断才成为定论。

尽管这份评估起草时，强烈期望它仍是一份机密文件，但白宫决定，关键判断应该而且将会解密并公布。据我理解，这样做有两个原因。一个原因可以概括为“因为这样做是正确的”。多年来，美国一直利用情报界对伊朗核野心和核能力的判断，说服其他国家采取协调一致的外交行动，防止德黑兰获得核弹。有人认为，在这样做之后，我们有义务告诉其他国家，情报界已经改变对伊朗核计划的一项关键评估。第二个原因，也是经常被引用的原因，是担心修改后的关键判断会泄露，如果不将其放在评估中其他判断的背景下，其解读就可能被歪曲。为了从被歪曲的泄密事件中脱身，评估中原始的关键判断部分尽可能多地予以解密，但应不危及消息来源和方法，或与美国合作伙伴的外交关系，也不应告诉伊朗人更多有关

[1] 原注：2007 年 11 月，“伊朗核意图及核能力”公开发布的关键判断，参见 www.dni.gov/press_releases/20071203_release.pdf。

他们的计划中我们所做的和所不知道的事情。[1]

关键判断非机密版本的编写，遵循白宫的明确指示，就是尽量少删，并以迈克·麦康奈尔几周前发布的内部指南中规定的标准为指导。[2] 该指南旨在限制关键判断的解密次数，同时避免重蹈伊拉克大规模杀伤性武器计划非机密白皮书所造成的曲解和混乱。该白皮书是在关于该主题的机密版《国家情报评估》向政府行政部门和国会提交的同时发布的。新发布的指导方针可被概括为，要求解密版本充分和准确地反映机密版本，但为保护情报来源和满足其他列举标准所需的删减除外。

公布关键判断非机密版本的决定意味着，情报界和政策界必须修订华盛顿行话中所指的针对伊朗核评估的“首次展示策略”。对于情报界来说，这通常需要准备两三份加密版本的评估报告，以便可以将其分享给美国的盟友和联络伙伴。根据我们与不同联络伙伴之间情报分享关系的性质，我们编制了这些经修订或编辑的版本。每一个版本都必须准确地反映关键判断，但在所提供支持信息的数量和性质上，这些版本又各不相同。由于计划在 12 月 3 日、星期一（在华盛顿，似乎这种任务总是必须在周末完成）发布非机密版本，我们必须加快计划，向合作伙伴简要介绍报告内容，以便他们不会首先通过媒体了解我们的判断。

国务院本应同时召开一系列简报会议，强调《国家情报评估》的高置信度：伊朗实施了一项秘密计划；在该计划上，对国际原子能机构、联合国安理会和所谓的欧盟三国（英国、法国和德国）谈判代表撒了谎；并且仍有能力在与先前评估相同的时间框架内（2009 年年底之前有可能，但可能性很小，更有可能在下一个十年的前半期）生产足够的高浓缩铀用于

[1] 原注：参见 “Statement by the Principal Deputy Director of National Intelligence Dr. Donald M. Kerr,” December 3, 2007, at www.dni.gov/press_releases/20071203_statement.pdf。

[2] 原注：参见“Guidance on Declassification of National Intelligence Estimate Key Judgments”。

核装置。我当然希望在政策发布中提出的一个关键点是，尽管情报界现在评估认为，伊朗已于2003年停止武器化计划，但它并没有改变伊朗何时能够生产足够的高浓缩铀用于核装置的时间表。这是伊朗核计划的节奏因素，而不是一旦伊朗拥有足够的高浓缩铀，需要多长时间才能建造一个可行的装置。我还希望外交战略强调，情报界判断伊朗仍有寻求核武器的选择，如果伊朗人决定这样做，该计划武器化部分可以在任何时候重启。最后，我预计外交战略将强调《国家情报评估》的判断，即国际审查以及国际压力（未进一步说明）至少已迫使德黑兰暂停其秘密计划的武器化部分；换句话说，外交已发挥作用，而且可以再次发挥作用。由于不为我所知的原因，“首次展示策略”没有得到充分执行。

情报界首次展示包括为国会议员和媒体召开简报会议。国家情报第一副总监唐·柯尔（Don Kerr）主持了媒体简报会。会议本应由国家情报总监麦康奈尔主持，但他因既定行程已离开。其他简报人员包括中央情报总监迈克尔·海登、我本人（作为国家情报委员会主席），以及负责大规模杀伤性武器的国家情报官范迪彭。柯尔、范迪彭和我因为在《国家情报评估》编制工作中的正式职务和角色出席会议；海登要求出席会议，是因为中情局分析人员在编制过程中所发挥的作用。

情报界简报会于12月3日举行，相关报道文章同日发布。虽然我读到和听到的内容都准确地描述了非机密的关键判断及其含义，但其中很多文章还将情报界判断和政府官员以前的声明并列在一起。[1] 在接下来的几

[1] 原注：参见 Mark Mazzetti, “U.S. Says Iran Ended Atomic Arms Work,” *New York Times,* December 3, 2007, at www.nytimes.com/2007/12/03/world/middleeast/03cnd-iran.html?_r=1；Dafna Linzer and JobyWarrick, “U.S. Finds That Iran Halted Nuclear Arms Bid in 2003,” *The Washington Post,* December 4, 2007, at www.washingtonpost.com/wp-dyn/content/article/2007/12/03/AR2007120300846.html；Mike Shuster and Melissa Block, “National Information Estimate Report on Iran Contradicts Bush Claims,” *NPR*, December 3, 2007, at www.npr.org/templates/story/story.php?storyId=16846056；以及 Greg Miller, “Iran's Nuclear Ambitions on Hold, U.S. Agencies Conclude,” *Los Angeles Times*, December 4, 2007, at

个月中，自说自话和幻想取代了对《国家情报评估》的判断结果及分析技术的严肃讨论，有时我有一种在几个平行空间中穿梭的感觉。在研究故事中一些更滑稽的次要情节之前，我必须指出，评估及其分析技术将进行严格审查；严格审查将揭示如何从伊拉克大规模杀伤性武器评估中吸取经验教训，以及这样做如何提高情报界分析的质量和清晰度，但事实证明，我的上述期望是完全错误的，至少在短期内是这样的。

对《国家情报评估》开的第一枪，是 12 月 5 日《华尔街日报》刊登的社论，该社论抨击情报界的糟糕状况，诋毁布什政府，将这一评估定性为"超党派反布什官员"冯稼时、范迪彭以及国家反扩散中心（National Counter-Proliferation Center）负责人肯·布里尔（Ken Brill）的作品。[1] 12 月 6 日，约翰·博尔顿发表一篇署名文章，使用了很多相同的语言，正确地指出 2005 年评估更新版的结论与 2007 年《国家情报评估》之间没有实质性的区别，但贬低了伊朗可能会被外交说服的可能性，并将《国家情报评估》本身斥为只是一场归因于"国务院难民"（大概是指冯稼时、范迪彭和布里尔）的政治论战，并声称这些人不是情报专业人员。[2]

保守派媒体一再重复地以虚假的、相当于人身攻击的理由批驳这一评估。需要记录在案的是，我们中没有一个人是这份评估的"主要作者"，来自一线情报机构的高级职业分析人员才是。由于政策原因，情报界不会披露起草或参与编制《国家情报评估》的分析人员的姓名。负责的国家情报官（或偶尔是副国家情报官）和国家情报委员会主席为《国家情报评

www.latimes.com/news/nationworld/world/la-fg-iran4dec04,0,2695315.story?page=2。

[1] 原注：参见 "'High Confidence' Games," *The Wall Street Journal*, December 5, 2007, at http://online.wsj.com/article/SB119682320187314033.html?mod+opinion_main_review_and_outlooks。

[2] 原注：参见 John R. Bolton, "The Flaws in the Iran Report," *Washington Post*, December 6, 2007, at www.washingtonpost.com/wp-dyn/content/article/2007/12/05/AR2007120502234.html。

估》代言，并在国会简报中承受压力或获得荣誉。还要记录在案的是，当时我已在情报界工作了37年。有很多盲从，而且很少有人努力去核实各种说法，但那些不认同伊朗可能受外交影响这一判断的人，似乎有一个明确而有效的策略，即通过关注所谓的推定作者无能或政治影响，转移人们对外交是否或在什么条件下可能有效的严肃讨论的注意力。

然而，保守派理论家并不是唯一接受人身攻击论的人。谷歌将几十篇媒体文章链接推送给我，文章发表日期均在伊朗评估报告公布之后的几天，其中有赞美我英勇挫败总统入侵伊朗意图的文章，这些文章和把我描绘成恶棍的文章一样愚蠢和错误。[1]媒体报道就是这样，如果不是因为它们主导着美国公众的观点，更重要的是主导着国会议员的观点，大多数媒体的报道都不应该被认真对待。然而与媒体评论相比，我发现国会议员的反应更加令人不安。

在伊朗《国家情报评估》发布之后的几个星期内，我向数个委员会及个别议员做了调查结果简报。范迪彭和其他人在国家情报委员会上向其他相关人员做了简报。在第一次简报会后，有人隔着桌子与我握手，说：“谢谢你的勇气与诚信。美国人民应该感谢你。”我不知道他说的“你”是指我个人，还是包括所有参与编制《国家情报评估》的人，我希望是后者。第一次，这句评论令人欣慰，但几乎每次简报会后，两党两院的人都会重复这句话，只是略有变化。每一次重复都让我更加不安，因为这些言论暗示着诚信是难得的、英勇的，而我相信诚信是情报界的本钱。如果我们缺乏或不被视为具有诚信，那么我们只不过是在浪费纳税人的金钱。尽管我相信我们为提高分析产品的质量做出了所有努力，取得了所有进展，

---

[1] 原注：参见 Ray McGovern, “CIA, Iran, and the Gulf of Tonkin,” Consortiumnews.com, January 12, 2008, at www.consortiumnews.com/2008/011108a.html。最极端的例子，参见 Justin Raimondo, “Antiwar.com’s Man of the Year: Thomas Fingar. He Stopped the War Party Almost Single-Handedly,” at www.antiwar.com/justin/?articleid=12088。

但即使那些“喜欢”我们结论的人，也往往将其归功于个人而非专业性。我确实而且仍然认为这一点非常令人失望。[1]

故事尾声

关于这个故事，还有许多次要情节值得探讨，暂且留待日后。然而，在结束本章之前，确实有必要简要地提及其中一些情节。这段延续至今的故事中最重要的部分，是如何成功吸取并应用从伊拉克大规模杀伤性武器事件中得到的经验教训，以不断改进和加强对情报界评估的理解。我对在我领导推动情报界分析工作转型期间所取得的成就感到非常满意，相信我们所做的改变正在产生明显的改进，并正在恢复人们对我们的人员和我们对复杂问题分析的信心。不过，伊朗核问题《国家情报评估》强有力的分析技术被党派政治和对其他问题的关注所掩盖，没有产生我所希望和预期的示范效应。

然而，回想起来，我可能是期望过高，找错了成功的指标。华盛顿可能是一个是非之地，我可能更应该注意那些暗箭。虽然评估没有如我所期待那般得到明确的赞誉，但也没有受到任何严肃或具体的批驳（除了那些认为我们应该以一种容易让公众理解的方式编写关键判断的人）。随着时间的推移，具有所需审核资格的人确实仔细研究了该评估。他们在私下发现许多值得赞扬的地方，而没有任何东西可以证明有理由对其进行新一轮的公开批评。在华盛顿，对缺点的批评远比对成就的赞扬

[1] 原注：有关各种评论员和官员对伊朗核问题《国家情报评估》定性的更多情况，参见 Tony Karon, “Spinning the National Information Estimate Iran Report,” *Time*, December 5, 2007, at www.time.com/time/world/srticle/0,8599,1691249,00.html，以及 Greg Simmons, “Bush Administration Credibility Suffers after Iran National Information Estimate Report,” *Fox News,* December 7, 2007, at www.foxnews.com/printer_friendlystory/0,3566,315742,00.html。

更常见。就伊朗核问题评估而言，没有受到严肃批评或者公开苛责就等于表扬，因为如果一个戒了酒的酒鬼重开酒戒，或者转型后的情报界生产了另一个有重大缺陷的引人注目的产品，那么明显地表扬某件事情就会在未来招致嘲笑。在非公开或私下场合悄悄地表扬一下情报界，在政治上是比较安全的。

第7章

结语：教训与挑战

前几章讨论了情报分析人员为减少国家安全决策者所关注的地域、人员和问题的不确定性所做的努力。这些讨论主要是描述性和分析性的，因为我的主要目的是，通过探讨情报用户希望、需要和期望从支持他们的分析人员那里得到什么，以及在华盛顿快节奏、影响力强和经常充满政治色彩的氛围中工作是什么样子，来传达一种分析如何融入更广泛的情报事业的感觉。如第1章所述，我避免了假装的客观性，因为我希望读者，特别是目前身为情报分析人员的读者，了解情报界是如何寄望于一名长期服役的分析人员的；这个分析员在我们的职业中已经达到了顶峰，并且有机会在整个情报界范围内制定和实施提高分析绩效的努力。

我相信，其他在情报界长期服役的人，会对本书提出的许多意见和判断深有同感，但我也知道，没有人会全盘接受书中的所有观点。我对分析人员所做工作的解读，本质上并不比每个盲人对大象的描述更好或更差；和他们一样，我和其他每一位关于情报事业的评论人员都必须根据个人经验和片面信息进行推断。我的观点是由我在情报界或为情报界工作近40年形成的，其中一半以上时间担任高级职务。

我对情报事业的许多看法源于自我强加的要求，即系统性地、批判性地思考情报分析人员的作用和责任。当我同意担任分析事务首任国家情报副总监[1]时，我意识到所承诺的工作范围、要求和潜在影响，一时感到恐慌，触发了上述想法。我的责任和承诺，是以各种方式“修正”情报界的分析，以避免重蹈“9・11”委员会、参议院情报特别委员会、大规模杀伤性武器委员会和无数其他受 2001 年 9 月 11 日悲惨事件激发而勇敢发声的批评者所发现的缺点、错误和问题，以及对伊拉克大规模杀伤性武器的缺陷评估。[2] 在我接受任务的第二天，我的新上司、新上任的国家情报总监约翰・内格罗蓬特在旧行政办公楼的临时办公室里，开门见山地说：“感谢你接受这项任务。你打算怎么做？”

---

[1] 原注：2004 年 12 月 7 日，美国国会两院通过设立国家情报总监办公室的立法，即《2004 年情报改革与恐怖主义预防法》，并于 2004 年 12 月 17 日由布什总统签署（例如，参见“S.2845 Intelligence Reform and Terrorism Prevention Act of 2004”, at www.govtrack.us/congress/ bill.xpd?bill=s108-2845）。约翰・内格罗蓬特于 2005 年 2 月 17 日被提名为首任国家情报总监；2005 年 4 月 21 日，他被参议院批准（参见 Scott Shane, “Negroponte Confirmed as Director of National Intelligence,” *New York Times*, April 22, 2005, at www.nytimes.com/2005/04/22/politics/22intel.html?pagewanted=print&position=）。内格罗蓬特在同年 5 月初邀请我担任分析事务首任国家情报副总监，几天后我接受了他的邀请。参见 Douglas Jehl, “New Intelligence Chief Begins Rounding Out His Office’s Structure,” *New York Times*, May 7, 2005, at http://query.nytimes.com/gst/fullpage.html?res=9C02E4DD1530F934A35756C0A9639C8B63&sec=&spon=&pagewanted=2。

[2] 原注：参见 The National Commission on Terrorist Attacks upon the United States, *The 9/11 Commission Report* (Washington, DC: U.S. Government Printing Office, 2004) (hereafter 9/11 Commission Report)；U.S. Senate, Report of the Select Committee on Intelligence on the U.S. Intelligence Community’s Prewar Intelligence Assessments on Iraq Together with Additional Views, 108th Congress, 2d Session, S. Report 108-301, July 9, 2004 (hereafter SSCI 2004), at www.intelligence.senate.gov/108301pdf；以及 Report of the Commission on the Intelligence Capabilities of the United States Regarding Weapons of Mass Destruction (hereafter WMD Commission), March 31, 2005, at http://fas.org/irp/offdocs/wmd_report.pdf。

我无法清晰地回忆起我说了什么，但不外乎“我还不知道，一旦我解决这一问题，会尽快告诉你”。为此需要反思情报界任务和结构的变化和连续性，弄清既往工作中较好或较差的部分，以及诸如此类的问题。在我作为首任国家情报副总监的整个任期内，这项工作一直在进行。这在很大程度上是一个反复的过程，在此过程中，关于情报界当前现状和未来需求的初步结论，形成了实施授权或预期变革的初始步骤，而对实施过程中所发生情况的评估则促成了对情报界及其与决策者关系的纯粹或全新的判断。这个过程仍在继续。

写这本书的另一个原因，是增进公众对情报分析人员做什么、如何做以及为什么这样做的理解。情报界花费了大量金钱，来减少危及国家安全、人民安全和外交政策成功的不确定性，但错误的传闻和信息造成了对情报分析人员能够（和不能）做什么的非常扭曲的描述。除其他后果外，这还会降低公众和国会对情报界的信心，也会降低对我们所采取的保护国家安全措施的信心。这本书试图澄清情报任务的本质，增加公众对情报分析人员能力的信心，同时试图对我们能做的事情设定合理的期望界限。更好地理解情报工作的能力和局限性，应该促成重新评估用以管理或减轻几种风险的战略。

加强对情报分析人员所做工作的理解，也可能会改善建议的效用，以提高情报界分析绩效，加快为应对当今和未来挑战所需的分析转型过程。在领导这一过程 4 年之后，我对挑战的严重性和迄今为止所取得成就的不足，都了如指掌。情报界分析群体已经有一个良好的开端，但还有更多工作要做，并且需要尽快完成。到目前为止，最重要的障碍是缺乏来自情报界之外的有根据建议，以及耗费在无用或适得其反建议上的时间和精力。加深对我们实际工作的了解，应该能够提高外部建议的相关性和实用性。建议不可能总是好的，但我们花费太多时间去处理差的想法，就没有时间思考或尝试那些可能产生积极影响的想法。

为了聚焦并激发改进情报分析的其他建议，我将在最后一部分简要描述未来几年必须应对的四项主要挑战。每一项挑战都反映了我在反复审查中学到的教训，这些教训是我从情报界工作及情报分析人员为满足迅速变化的信息和见解需求而必须采取的措施中获取的。我当然可以谈得更多，但我不想淡化这些挑战的重要性，因为它们对实现众多其他目标至关重要。

更有头脑地工作

今天，人们希望情报分析人员比以往任何时候都能更好、更快地做更多的事情。前几代分析人员也提出了相同的看法，他们往往要求得到“更多”情报，后来又要求有更好的方法管理和处理数据，因为数据的快速累积，超出了审查的速度。对于他们的抱怨和求助的反应一般是这样的：情报搜集人员得到更多的金钱和更多的工具，以搜集更多的信息，而分析人员被告知要更努力地工作。迟早会出现故障或“情报失误”，从而触发传统的修正措施，即为情报预算增加更多的资金和人员。在近期，它还包括购买更多的计算机及软件，而这些计算机及软件从未达到承诺的要求。虽然这种一般方法和发展模式远非简洁或有效，但其效果足以阻止改变情报过程和分析人员工作方式的努力尝试。[1]

在每一轮这种重复性循环结束时，分析人员在应对新需求和增加的情报量方面取得了一定进展，但总的来说，他们继续以大致相同的方式做他们一直在做的事情。在很长一段时间内，这种方法已经足够好，或

[1] 原注：关于情报审查和改革努力的简史，参见 Michael Warner and J. Kenneth McDonald, *US Intelligence Community Reform Studies since 1947* (Washington, DC: Strategic Management Issues Office, Center for the Study of Intelligence, Central Intelligence Agency, April 2005)。

者说直到下一次故障或失误重启循环之前，似乎是这样的。但是，过去行之有效的方法已经不适用，今后将越来越不适用。前几章总结的事态发展已经说明根本性变革迫在眉睫；“9·11事件”和伊拉克大规模杀伤性武器评估的“失败”，创造了一个前所未有的机会，可以对情报事业进行改造和变革。我们必须抓住这个机会，因为在这个问题上投入更多的金钱和更多的人，以及“更加努力地工作”，是远远不够的。我们必须更有头脑地工作。

更有头脑地工作包含几个方面，即与情报界内外人员进行越来越高效的协作（见下文讨论）；做更多的工作，确保情报界分析工作集中于政策界用户最重要的问题和事态发展的各个方面，使他们对正在处理的问题有最佳或最好的见解（同样见下文讨论），并通过对绩效严格考核和系统性地应用从考核中吸取的经验教训，寻求持续改进的方法。这些建议中最后一条，不应被理解为暗示目前的做法和绩效存在严重缺陷（我相信并非如此，但这种判断应该基于经验数据，而非信任和主观性）。然而，即使目前最好的做法也会有改进空间。更重要的是，情报分析人员为了适应不断升级的需求和期望，也必须不断改进。

利用纳入《第203号情报界指令：分析标准》和《第206号情报界指令：传播分析产品的情报源要求》的技术标准对分析产品进行评估，是在正确方向上开的一个好头，但可以并且应该在日常基础上开展更多的工作。[1] 可以而且应该不断评估的其他产品、技术和程序的例子，包括情报分析人员使用的上百种分析方法及工具的有效性（相对的和绝对的）；情报界不同部门分析人员对特定主题评估的效用、价值和准确性（适当时）；

[1] 原注：这些及其他情报界指令，参见 www.dni.gov/electronic_reading_room.htm。关于评估、反馈和持续学习重要性的进一步讨论，参见 B. Fischoff and C. Chauvin, editors, *Intelligence Analysis: Behavioral and Social Scientific Foundations* (Washington, DC: The National Academies Press, 2011)；以及 National Research Council, *Intelligence Analysis for Tomorrow* (Washington, DC: The National Academies Press, 2011)。

个体分析人员、正式团队和在 A 空间或其他网络空间协作的虚拟团队的表现；以及分析人员和分析团队在整个分析过程中系统地运用技术方法等。以上每一条都有必要做简短说明。

情报分析人员在制定研究问题、拟定回答这些问题的策略、评估并解释数据以及使用假设和类比来填补信息空白时，使用大量的方法、技术和工具。[1] 在多数情况下，他们所做的大部分工作，都要求综合使用各项技能，这些技能来自研究生院所学、加入情报界后接受的正式培训和指导、同事或供应商介绍的“新”方法，以及主管的建议或指示。个别分析人员会使用熟悉的、既往工作证明有效的（无论如何确定）或似乎最适合特定情况的（无论如何确定）方法。虽然对情报界指令中规定的基本技术标准日益重视，使这一过程的某些部分变得越来越严格，但总体而言，分析人员并没有使用或避免使用特定方法的经验基础。

第二个有待评估的领域，是情报界不同部门制作、传播的分析产品的价值。情报界每年制作数千甚至上万份分析碎片，在对具体专题和事态发展的涵盖中存在大量的冗余。有些冗余是表面的，而非真实的。例如，多个机构可能在短时间内就同一主题编写报告，但由于它们面向不同用户，因此对主题的研究维度各不相同。这很好，反映了用户对情报界提供的定制化支持的重视。在其他情况下，有多少情况尚待确定，冗余的分析确实是重复的：引用相同的证据，得出相同的结论。在这种情况发生时，应该问的第一个问题是：“某机构本可以使用另一个机构的产品时，为什么还要制作、传播自己的评估？”同样，似乎每个机构都有各自擅长的主题，

[1] 原注：参见 Richards J. Heuer Jr. and Randolph H. Pherson, *Structured Analytic Techniques for Intelligence Analysis* (Washington, DC: CQ Press, 2010)。（中文版《情报分析：结构化分析方法》，小理查兹·J. 霍耶尔、伦道夫·弗森著，2018 年 8 月由金城出版社引进出版。）

而且他们所做的一些工作系统上总是优于或劣于其他部门所做的同类工作。通过评估确定这些优劣势，并建立反馈和学习机制，以利用优势并对劣势采取适当的行动，将对提高整体绩效、减少重复、确保有情报需求的用户获得最佳分析大有裨益。

另一个有待评估的领域，是个体分析人员和分析人员团队的绩效。首要目标是确定在什么情况下，个体努力、同一机构中的固定团队、机构内部或跨机构临时小组以及在网络空间中工作的不同类型“虚拟团队”能够更有效地完成任务，而不是确定哪个分析人员或团队“最佳”或“最差”。分析人员以许多不同的方式工作（出于许多不同的原因），但是我们缺乏实证基础，以确定哪种方式在一般情况下和（或）在不同时限内，对特定类型的问题进行分析是最好的，等等。我们本可以知道这一点，也应该知道这一点。我们发现的东西应该反馈到培训计划、指导安排和对分析主管的指导中去。

最后一个可以并且应该被评估的行为示例主要是：分析人员在定义他们打算研究的课题，并为其划分优先级时，实际做了什么；他们如何搜索相关信息（“原始”情报、已发布的情报界关于该课题的分析文章、“开源”出版物、其他被认为具备相关专业知识的人，等等）；他们如何选择使用的路径、方法论或工具；他们如何实际应用所选方法；以及类似的问题。确定分析人员实际做什么（和不做什么）的一个目标是，制定高效有用的程序，这些程序可以在整个情报界被传授或监督。这些程序甚至可能促成编制航空公司飞行员和一些医学专家使用的那种“检查清单”。这些技术已经被证明可以改善其他要求严格的职业的绩效，并且可能对情报界分析群体很有帮助。

协　作

当今时代的情报问题太复杂、发展太迅速、信息太丰富，个人或个别机构在大多时候无法独立完成分析工作。个体分析人员，无论多么精明睿智，多么经验丰富，多么英勇，都不可能指望追踪与其工作密切相关的**所有**情报，也不可能拥有回答经常向情报界提出各种问题所需的不同学科、区域和技术方面的**全部**知识。用甲壳虫乐队的一句话来说，能给要求苛刻、责任重大的用户提供满意支持的唯一方法，就是寻求和接受朋友和同事的帮助，而且不是一点点帮助。协作不是一种奢侈或“做了也不错”的分析方式，在大量且越来越多的情况下，协作可能是唯一可以接受的方式。

情报资深人士正确地指出，协作不是什么新想法或新要求；不同机构、不同分析人员早就有合力工作的传统，以解决棘手问题，做出协调一致的评估。这一观点是正确的，但是协作的频率、形式和必要性与过去有很大的不同。事实上，在我职业生涯的大部分时间里，情报界组成部门一起工作的方式被描述为合作或协同的形式，而不是协作。这种差异很微妙，但很重要。在情报界，合作往往具有不情愿或者被迫的特点，分析人员被要求或被迫在某件事情上进行合作，但他们更愿意独自承担这项任务。同样，当各机构被要求就某一特定产品进行协同或合作时，比如《国家情报评估》或国会证词，这一过程往往被比作“批斗会”。

合作往往是勉强的，其中一个原因是，“竞争性分析”（competitive analysis）的要求已蜕变为一种不正当的欲望，希望以让人想起 19 世纪末和 20 世纪初赫斯特报业和普利策报业之间报业战争的方式抢占竞争的风头。[1] 个人和机构往往力争在情报界其他“竞争对手”之前，将

[1]　原注：“竞争性分析”一词在情报界的创始立法，即《1947 年国家安全法案》中使用，并在随后的修订，包括《2004 年情报改革法》中予以保留。该术语也用于 1981 年版

“他们”对新事态发展或新情报的看法告知决策者。这种反常的行为更看重做第一，而不是正确，我经常把这种情况描述成争当第一个误导高级决策者的人。这种对竞争性分析的解释造成的后果包括，分析工作达不到本应达到的水平，以及决策者在情报界有机会纠正错误判断之前，就已对错误的判断深信不疑。

与勉强的合作或协同不同，协作必须是机构的自愿联合，利用分工和内在的协同机会以及自下而上的专业知识的汇集。遗留的结构，以及催生情报分析部门多元化的专业化逻辑，对协作来说喜忧参半。分析性协作的最大障碍，是存在过度独立的组织，这一点总被人诟病。这些组织被定性为“烟囱式封建领地”，他们对协作毫无兴趣，并试图垄断“他们”的用户与整个情报界之间的联系。[1] 这些批评虽有夸张之嫌，但也有几分道理。由此产生的文化冲突和相互竞争，严重阻碍了信息共享、合理分工及其他类型的协作。这些病态虽然没有以前那么严重，但要克服它们，我们还要走很长的路。

现有结构的另一面是，促进了不同类型专业知识的发展，以支持不同任务和不同用户。因此，分析组织的聚合具有巨大的广度，比许多人认为的重复性要少，而且具有内在的互补性，可以利用这些互补性建立正式和

的 12333 号行政令，该命令为美国情报活动的开展提供了附加指导（文本参见 www.fas.org/irp/offdocs/eo12333.htm）。在 2008 年对 12333 号行政令修订时，“竞争性分析”被一项要求所取代，即准确地表达适当的替代“意见”，同时情报界有关部门和机构可以获取情报，并获得进行独立分析所需的支持（文本参见 http://nodis3.gsfc.nasa.gov/displayEO.cfm?id=EO_13470_）。在两种情况下，目标都是确保美国政府决策者能够从情报界不同部门的分析人员那里获得知情的“第二意见”。早期版本的法律和行政令试图通过情报界各部门的独立性来保证这一点；2008 年的修订旨在确保情报界进一步整合，不会扼杀不同的意见。关于 19 世纪末和 20 世纪初的报业战争，例如，参见 James McGrath Morris, *Pulitzer: A Life In Politics, Print, and Power* (New York: Harper-Collins, 2010)，以及 David Nasaw, *The Chief: The Life of William Randolph Hearst* (New York: Martin Books, 2000)。

[1] 原注：这个词是我组合的，但也可参见，例如 Amy B. Zegart, *Flawed by Design: The Evolution of the CIA, JCS, and NSC* (Stanford, CA: Stanford University Press, 1999)。

非正式的分工，并集合个体的专业知识，以达到理解复杂问题所需的群聚效应和互补性。分析工作转型的一个重要目标，就是发掘情报界结构的内在潜力，这需要在多个维度上取得综合进展。如何做到这一点，是未来一部关于分析转型书籍的主题；我想在这里指出的是，创造和利用有利于协作的条件，是分析界面临的最紧迫挑战之一。

现有结构另一个特点值得注意，它既造成必要的重复，也造成不必要的重复。必要的重复是由于多个个体和情报界机构用户在处理相同或重叠的问题。例如，国务院、五角大楼和财政部的决策者都需要情报界提供有关中国、中东和非洲的支持，但他们对每个国家和地区的关注点各不相同，因此提供支持的情报分析人员的专业知识也必须各有侧重。其结果是在某一层面（例如特定国家）呈现必要的重复，但对于特定用户最关心的国家维度（例如政治、军事发展或贸易）呈现互补性特征。因此，情报界的结构，确保了对广泛课题的多种独立观点，并有助于获取“第二意见”及“替代评估”。此类重复很有必要，必须予以保留。不必要的重复同样存在，其原因在于官僚主义竞争、可以理解但很不幸地追求分析的自给自足政策，以及对情报界其他部门能力的无知。提高透明度及对情报界同事的能力和反应能力的信任，应该有可能减少不必要的重复，从而加强最擅长某项任务的小组，撤销那些在这些任务方面最薄弱的小组，并至少在所有主题上保留两组专业人员，使情报界在任何重要问题上都不会有单一的失败点或单一的立场。

协作必须在多个相互重叠的“舞台”（即在机构内部，跨机构，情报分析人员与美国政府决策者之间，情报分析人员与政府以外的专家之间，以及在许多情况下，情报分析人员与美国以外的专家之间）上进行。[1]“两个脑袋比一个好”这句格言当然适用，“多个机构的分析人员往往比单一

[1] 原注：参见 *Intelligence Community Directive 205: Analytic Outreach*, July 16, 2007, at www.dni.gov/electronic_reading_room/ICD_205.pdf。

机构的分析人员更好”和“具有多种视角的分析人员往往比具有相同视角的分析人员更好”等说法也是如此。即便没有正式分工，情报界某一部门的分析人员也会比其他部门的同行更倾向于研究不同类型的信息，寻找不同类型问题的答案。协作可使评估工作更全面、更细致，也有助于确保政策界不同部门的用户理解向美国政府其他部门同事提供的信息和分析输入。换句话说，协作可以为整个美国政府的用户提供更优质的分析和更好的情报支持。

情报界内部有效及高效协作的前提，是获取相同信息的便捷途径。这并不意味着处理问题的所有分析人员必须获取同样的情报，但确实意味着同事们必须能够与情报界其他部门的同事便捷地分享从情报中获取的信息和见解。A 空间和国家情报库等创新手段，为情报分析人员在网络空间共享信息、开展协作提供了便捷条件，但需要类似机制（和支持性政策指导），来促进分析人员与情报界之外的美国政府专家、学术界、智库和其他非政府机构的专家开展类似形式的协作。

根据我的经验，分析人员，尤其是年轻一代的分析人员，有强烈的协作倾向，并且喜欢在虚拟团队和网络空间中工作。这种倾向为跨时空协作、制作属于整个情报界而不是某个分析人员或机构的“活文件”，以及大幅减少分析产品的数量，提供了前所未有的机会。只要分析人员通过协作并制作出可供多个情报机构用于支持许多不同用户的联合产品，情报界向用户提供的单独文件将大幅减少，而且他们提供的文件将比众多单独产品的总和更好。

信任与信心

分析人员的协作需要彼此信任，并对情报界不同部门同事的工作质量抱有信心。前者需要克服对其他机构分析人员的负面成见和贬低刻画。诋毁其他部门的人员和做法，在一个机构内建立团队精神的错误努力，以及缺乏关于向未署名出版物投稿人员的背景、责任和技术的信息，都会造成负面的描述。情报界机构通过发展互补的专业领域促进了协作，但由于造成文化差异和官僚竞争而阻碍了协作。

一些措施被用来消除这种协作的障碍，包括分析技术的联合培训（旨在证明所有机构的分析人员在分析产品中使用情报方面或多或少都具备相同的背景和能力，并接受了相同的培训，从而建立对情报界其他部门工作的信心）。如果对人员及其工作质量缺乏信心，就不可能实施分工，不可能利用情报界其他部门的工作来回应用户的需求。我们在克服与信任有关的协作障碍方面取得了进展，但即便在情报界内部，仍有很长的路要走。

用户对分析界信心方面的情况更是问题重重。问题的一个方面反映了人们对熟识的人比对素昧平生的人更有信心的倾向。随着用户对其情报支持团队的了解，以及对其提供的情报质量和效用的校准，他们往往会根据谁提供的分析，而不是根据分析的内在价值来评判分析。对“竞争性分析”的错误解释，以及随之而来的许多分析人员通过批评同事的工作，来夸大自己工作质量和重要性的趋势，加剧了这种倾向。带来的一个后果是，支持特定用户的分析人员不得不做更多的工作，因为他们的用户不愿意接受其他机构提供的服务。

信任不仅仅关乎分析产品的质量。为了及时、有针对性地提供情报支持，分析人员需要知道用户在做什么，担心什么，希望做成什么。他们还需要知道用户对该主题已经知道（或自认为知道）什么，想知道什么。分析人员能够对决策者提供帮助的程度，与他们对用户的想法和他们如何解决问题的了解程度成正比。他们知道得越少，在准备或交付情报产品时，就越容易失误。但是，要想对决策者的目标和需求如此了解，就会有政治化和被同化的风险。每一名分析人员必须在不违反道德和专业标准情况下，赢得主要用户的信任。有时候，这一点很难做到。

情报界转型

情报分析人员，尤其是那些在“9·11 事件”以后几年中加入情报界的人，会被本书描述的挑战所激励，并渴望消除、克服或终结各种障碍，尽其所能减少不确定性，保护我们的国家。许多人接受了军队招募时呼吁的“做你能做的一切”和耐克公司的口号“Just do it”所反映的人生哲学，并试图将这一哲学应用到他们的职业生涯中。他们想从事高质量的分析工作，想为国家安全做出有意义的贡献，渴望通过公共服务“大有所为”。他们受过良好教育，经常旅行，并且精通数字技术。数字化一代也是在谷歌、Facebook 和 Twitter 影响下的一代。

对大多数年轻的分析人员来说，在网络空间进行协作，很少或者根本不必考虑官僚层级或其他界限，就像呼吸一样自然，而且与人们的预期相反；对许多资深分析人员来说也是如此。简而言之，分析人员队伍已经准备好了，并渴望进行转型变革，以释放他们的潜力，使他们能够像在研究生院一样在专业环境中工作，并在工作之外做事情。在一定程度上，在分析转型名义下进行的变革增加自下而上变革的空间时，分析人员就会抓住机会，创造新的沟通和协作模式。很难想象还有比这更有利的环境来实现转型变革，以跟上需求和发展的步伐。分析人员已经做好准备了。

在过去 5 年中，分析转型取得了很大进展，但大多数步骤比本应采取的步骤更慢、更痛苦。资深情报人员明白变革的困难性，尤其是变革挑战或破坏了长期存在的流程和官僚领地时，他们会建议要有耐心。然而，年轻分析人员的另一个特点是他们没有耐心。年轻人总是不耐烦，也许比任何上一代人更不耐烦，现在由于在公共、私营和非营利性工作间频繁流动的预期，这种不耐烦变得更加严重。如果不耐烦转化为挫折感，许多人就会用脚投票，做出换工作的决定。这对情报界管理人员构成了双重挑战。他们不仅必须比过去更努力地留住分析人员，且留住时间要比预测的新聘人员正常留住的时间长，以避免在分析人员有足够经验开始做出坚实和持续的贡献时，出现快速和大规模离职的风险；他们还必须防止大量分析人员因对他们认为妨碍高绩效和专业成长不必要的障碍感到沮丧，而提前离职。2008—2009 年严重的经济衰退，可能给了情报界更多时间，"解决"那些令渴望快速和彻底变革的分析人员感到沮丧的问题，但存在一种危险，即由于经济不景气而导致的留任，造成了经济好转后离职的潜在压力。

留住人才是一个重要问题，增加了转型变革的紧迫性，但加速转型的主要原因是，而且应该是通过向国家决策者提供更准确、更有洞察力和更有针对性的情报支持，增强分析人员减少不确定性的能力。这实际上一举两得，因为让分析人员更容易完成高质量的工作，会同时提高其职业满意度和留在情报界工作的可能性。分析人员可以，并且已经做了很多工作，以释放他们的潜力，应对他们所面临的日益增长和不断变化的挑战，但是情报分析人员已融入更广泛的情报事业中，许多影响分析人员能力的政策和程序的改变，必须在情报事业层面加以解决。换句话说，自下而上的变革是有限的，必须自上而下地进行补充和扶持性变革。

2004 年 12 月国家情报总监办公室成立，改善了自上而下变革的前景，以整合情报界，并改善因联邦结构、独立及自给自足行为产生的病态后果，这些行为的出现和根深蒂固是因为中央情报总监缺乏权力、动力或时间，无法将名义上的"群体"机构转变为一个拥有专门组成机构的单一事业体。《2004 年情报改革与恐怖主义预防法》（12 月）为国家情报总监赋予多项职责，但在我看来，没有一项职责比整合情报界的任务更重要。[1]

---

[1] 原注：Intelligence Reform Act. 整合是国家情报总监办公室成立之后发布的两个版本的《国家情报战略》的核心主题和目标。参见 *The National Intelligence Strategy of*

事实证明，情报界整合困难重重，远超国家情报总监办公室的设立倡导者和负责情报监督工作的国会议员的预期。人们可以指出造成这种困难的诸多原因，其中包括不良预期：国家情报总监办公室的“实验”会失败，一切会恢复到2005年以前的状态；由内部或专门的情报部门（例如，国务院、能源部和财政部的内部情报机构，以及支持各军种的情报机构）服务的用户担心，整合会使他们失去专门的、有针对性的和近距离的情报支持，他们认为这种支持对他们执行任务至关重要；许多人担心，有效的整合将为“竞争性分析”、替代判断和对关键问题的第二意见画上句号，导致群体思维（groupthink），并由一个首字母为CIA的大机构主导。

我曾公开反对设立国家情报总监办公室（2004年6月，在我的国务院情报研究事务助理国务卿职位确认听证会上），并被记录在案。在那时，我从我所在的情报部门以及我们支持国务卿和驻世界各地外交使团职责的角度，来看待参议员卢格向我提出的关于设立国家总监是否可取的问题，并认为一个强有力的国家情报总监会威胁到情报研究局履行其支持外交的重要但基本上是特定使命的能力。[1] 此外，考虑到情报研究局长期以来一直对情报界共识判断持不同意见，我也担心群体思维和大机构主导的危险。伊拉克大规模杀伤性武器评估的教训令我刻骨铭心。我曾反对成立国家情报总监办公室，我想，我被任命为分析事务首任国家情报副总监，在某种程度上是合适的，因为其他人有理由相信，我不会试图消除或破坏我认为当时情报界的巨大优势和基本特征。在此后的几年中，我渐渐相信，国家情报总监权威的存在和权力行使，对于情报界的转型至关重要；而整

the United States of America: Transformation through Integration, October 2005, at www.dni.gov/publications/NISOctober2005.pdf，以及 *The National Intelligence Strategy of the United States of America*, August 2009, at www.dni.gov/reports/2009_NIS.pdf。

[1] 原注：2004年6月14日在参议院外交关系委员会举行了我的职位确认听证会。我无法找到听证会的记录。

个情报界转型对分析界转型也是至关重要的，因为分析界转型将使其能够应对 21 世纪的挑战与期望。

除非我们继续整合情报界，考核并改进分析人员的工作方式，否则，我们将无法做到我们能够和必须做到的一切，以减少影响国家安全的问题的不确定性。作为一个天生的乐观派，我相信我们会这样做，美国人民将继续从他们的情报分析人员那里获取他们所期望和应得的权益。

致谢

本书讲述了情报分析在美国政府制定国家安全决策时的作用。这是高度个人化的解读，无疑还有点与众不同。本书的重点是分析，因为这是整个过程中我最了解的环节；更重要的是，情报分析人员是决策者和这个庞大组织之间的纽带。该组织通过为其“用户”的特殊需求提供量身定做的信息和见解来减少不确定性。它的用户涵盖甚广，从总统和内阁秘书到野战部队、执勤警察、国会议员、华盛顿文职官员、世界各地的大使馆，再到军事装备和战术的开发人员，以及无数的其他人。在职业生涯中，我有机会与众多这样的用户在很多层面上直接互动。我还有幸与诸多情报专家共事并为其服务。他们无不具有献身精神，或在某些方面非常出色。这本书呈现了我对一系列复杂事务、机构和前景的看法，但我的观点是由我的导师、同事，以及我自身的经历共同形成的。在此，我要感谢他们的指导，同时，在诠释我们支持国家安全体系所做的努力中，所有的评判和不足由我负责，与他们无关。

作为康奈尔大学的本科生和斯坦福大学的研究生，我学会了如何做一名分析人员。我在这两所学校的主要顾问和导师都是约翰·刘易斯（John W.

Lewis)。他在中国领导层研究方面的开创性工作、他的求知欲和对教学的热情，赋予了我动力和方法，使我能够解决棘手的问题，并避免得出肤浅的结论。这些经验被后来成为斯坦福同事的其他老师所强化，包括亚历克斯·达林（Alex Dallin）、亚历克斯·乔治（Alex George）和加布里埃尔·阿尔蒙德（Gabriel Almond）。我在斯坦福过得很满意，如果不是助理国务卿莫特·阿布拉莫维茨（Mort Abramowitz）说服我担任国务院情报研究局中国处处长，我可能不会回到华盛顿，或做全职情报分析工作。他设套诱使我做出了一个两年的承诺。他说，如果我认为我所做的比我所说的更好，就不要光说不练。我做到了，并多次感谢莫特的信任以及他给我的这个机会。

莫特不仅给了我一份工作，更重要的是，他还教会我根据我们国家安全用户的关切、需求和决策时间表，量身提供分析支持的重要性。这些经验得到另外两位情报研究事务助理国务卿的强化，他们是职业外交官芮效俭（Stape Roy）和菲莉丝·奥克利（Phyllis Oakley）。与莫特一样，芮效俭作为一名中国问题专家开启了他的职业生涯。还是与莫特一样，芮效俭后来晋升为职业大使。根据法律规定，同一时期不能超过五位职业大使，而我曾为其中的两位工作，并向他们学习。我为菲莉丝·奥克利工作过两次。第一次是她任助理国务卿帮办，在情报研究局负责区域分析时；第二次是在她担任该局负责人时。菲莉丝的专长是南亚、非洲及人口和移民等非传统安全问题。她曾担任国务院副发言人。她教会我许多关于这些地区和问题的知识，并帮助我与媒体合作。

我也曾为其他三位助理国务卿在情报研究局工作，并从他们身上学到了很多。道格·马尔霍兰（Doug Mulholland）曾是中央情报局的职业分析人员。在进入国务院之前，他在财政部主管信息部。道格为我晋升高级管理人员铺平了道路，并在我因“资历过高”而被拒绝参加美国政府最高级别培训后，成功为我争取到进入高级研讨会的机会。在为期10个月的高级研讨会上，我有机会与国家安全体系中的官员们一起工作。

这次经历形成的人际关系网，让我之后的职业生涯受益匪浅。俄罗斯问题专家托比·加蒂（Toby Gati），她职业生涯的大部分时间都用在学界和智库设置上。1994 年，她把我带到了情报研究局的台前，我开始担任分析事务助理国务卿帮办。她还赋予我一个令人生畏的职责：负责“所有国家和所有事务”。在接下来的 14 年里，无论处于什么位置，我都一直秉持这一职责。托比对证据和论据清晰度的关切可谓狂热，她还随时准备挑战别人的工作，在她看来这些工作做得太过草率（我也这么认为），这些都让我成长为一个更优秀的领导者。我在情报研究局的最后一位上司是卡尔·福特，之后我接替他，担任助理国务卿。他是一名职业分析人员，曾在美国国防情报局和中央情报局工作，也曾在国会和五角大楼任职。我们总能得出相同或相似的分析判断，但往往是通过迥然不同的途径得出的。除了道格·马尔霍兰，多年来，我以不同的身份认识了这些导师。尊重彼此的观点和能力，使我们能在不针对个人的前提下挑战他人的想法，并明确知道我们正在做的事情与我们个人无关。我们所做的是，也应该是为服务对象提供支持，并为监督对象提供领导力。

许多国务院高级官员的言传身教、信任、严要求、高标准，使我获益匪浅。我学会了如何做到更好，也学会了如何教导其他分析人员发挥更大的作用，因为他们设置了高标准，让我对其负责，并相信我能保护他们分享的机密。其中最有影响力和最有帮助的同事包括理查德·阿米蒂奇、马克·格罗斯曼（Marc Grossman）、阿尼·坎特（Arnie Kanter）、汤姆·皮克林（Tom Pickering）、科林·鲍威尔、加斯顿·西古尔、斯特罗布·塔尔博特和拉里·威尔克森（Larry Wilkerson）。

要列出情报研究局和美国情报界其他机构的所有同事，所需的篇幅几乎与本书的主要内容不相上下，所以我不得不让这份名单仅限于那些最有影响力、对我帮助最大，或单纯是和我最要好的同事们。遗憾的是，我不可避免地会忽略应该被包括的一些人的名字，为此我表示歉意。话虽如此，但我还是要感谢以下人士的合作和贡献：吉姆·布坎南（Jim Buchanan）、鲍勃·卡林（Bob Carlin）、葆拉·考西（Paula Causey）、克里斯·克拉克（Chris Clarke）、约翰·甘农、史蒂夫·格鲁门（Steve Grummon）、雪莉·洪（Sherry Hong）、桑迪·希门尼斯（Sandi Jimenez）、克里斯·科基姆（Chris Kojm）、丹·库尔策（Dan Kurtzer）、韦恩·林贝格（Wayne Limberg）、约翰·麦克劳林（John McLaughlin）、博·米勒（Bo Miller）、乔·奈、格雷格·特雷弗顿（Greg Treverton）和比尔·伍德。

本书中许多有关使命、架构、培训和协作的深思，都是在我担任国家情报副总监和国家情报委员会主席后，由帮助指导分析转型的高级团队成员激发并形成的。我要特别感谢马修·伯罗斯、戴维·戈登（David Gordon）、克雷格·格莱利（Craig Gralley）、理查德·伊默曼、史蒂夫·卡普兰（Steve Kaplan）、简·卡尔奇（Jan Karcz）、约翰·基夫（John Keefe）、罗恩·赖斯（Ron Rice）、唐耐心（Nancy Tucker）、迈克·韦特海默（Mike Wertheimer）和约翰·沃尔曼（John Wohlman）的贡献。

第 2 章到第 4 章是 2009 年我在斯坦福大学佩恩讲座文稿的修订版。我非常感谢佩恩（Payne）家族为该系列课程提供资金，感谢弗里曼·斯伯格里国际问题研究所（Freeman Spogli Institute for International Studies）主任、我的老朋友和同事齐普·布莱克（Chip Blacker）建议我使用讲座内容，向学生、教师和斯坦福社区的其他成员解释美国情报界的一些谜团、误解和使命。这些讲座乃至本书的目的，是增进人们对情报分析人员工作的理解，并激励年轻人考虑从事情报工作。

最后，我要把最重要的话留在这里说——我必须感谢我的妻子奥琳娜。在我们 40 多年的共同生活中，我带着她满世界跑，我还在办公室里度过太多的深夜，然而她给予我的，是十足的耐心和无尽的幽默感。如果没有她的支持、陪伴，以及随时随地带给我的欢笑，我根本无法完成我所做的一切，无论是在事业上，还是在本书写作上。

英汉对照表

[术语]

actionable intelligence 行动情报
alternative hypothesis 替代假设
Annual Threat Assessment《年度威胁评估》
Atlantic Council 大西洋理事会
Bureau of Intelligence and Research（INR）（国务院）情报研究局
Central Intelligence Agency（CIA）中央情报局
collateral damage 附带损害
Columbia University's Center for International Earth Science Information Network（CIESIN）哥伦比亚大学国际地球科学信息网络中心
Commission on the Intelligence Capabilities of the United States Regarding Weapons of Mass Destruction 美国大规模杀伤性武器情报能力委员会
Commission to Assess the Ballistic Missile Threat to the United States 美国弹道导弹威胁评估委员会
competitive analysis 竞争性分析
congressional oversight committee 国会监督委员会
corporate actor 法人行动者
current intelligence 动态情报
default setting 默认设置
denial and deception 拒止与欺骗
Defense Intelligence Agency（DIA）国防情报局
Director of Central Intelligence（DCI）中央情报总监
Director of National Intelligence（DNI）国家情报总监
Echelon 梯队系统
finished intelligence 成品情报
Freeman Spogli Institute for International Studies 弗里曼·斯伯格里国际问题研究所
Global Trends 2025: A Transformed World

《2025 年全球趋势：转型的世界》
groupthink 群体思维
Intelligence Community（IC）情报界
intelligence failure 情报失误
intelligence gap 情报空白
Intelligence Reform and Terrorism Prevention Act of 2004《2004 年情报改革与恐怖主义预防法》
Intergovernmental Panel on Climate Change（IPCC）政府间气候变化专门委员会
Jeremiah Report《耶利米报告》
Joint Global Change Research Institute（JGCRI）全球变化联合研究所
key judgment 关键判断
multivariant analysis 多变量分析
National Academy of Sciences（美国）国家科学院
National Counter-Proliferation Center 国家反扩散中心
National Intelligence Assessment（NIA）《国家情报评定》
National Intelligence Board（NIB）国家情报理事会
National Intelligence Council（NIC）国家情报委员会
National Intelligence Estimate《国家情报评估》
National Intelligence Officer（NIO）国家情报官
National Intelligence Priorities Framework 国家情报优先框架
National Intelligence 国家情报
National Oceanic and Atmospheric Administration（NOAA）美国国家海洋和大气管理局
National Security Act of 1947《1947 年国家安全法》
National Security Council 国家安全委员会
Nuclear Non-proliferation Treaty《核不扩散条约》
Office of the Director of National Intelligence（ODNI）国家情报总监办公室
open source intelligence 开源情报
opportunity analysis 机会分析
President's Daily Brief（PDB）《总统每日简报》
President's Intelligence Advisory Board（PIAB）总统情报咨询委员会
prioritization framework 优先框架
Prospects for Iraq's Stability: A Challenging Road Ahead“伊拉克稳定的前景：一条充满挑战的未来之路”
Prospects for Iraq's Stability: Some Security Progress but Political Reconciliation Elusive“伊拉克稳定的前景：安全方面取得一些进展，但政治和解遥遥无期”
raw intelligence 原始情报
Rumsfeld Commission 拉姆斯菲尔德委员会
Senate Committee on Foreign Relations 参议院外交关系委员会
Senate Select Committee on Intelligence 参议院情报特别委员会
signals intelligence（SIGINT）信号情报
situational awareness 态势感知
strategic warning 战略预警
time compression 时间压缩
U.S. Climate Change Science Program 美国气候变化科学计划

WMD Commission 大规模杀伤性武器委员会
uncertainty 不确定性
unconventional attack 非常规攻击
underpants bomb 内裤炸弹
USAID 美国国际开发署
weapons of mass destruction（WMD） 大规模杀伤性武器
zero-based analysis 零基分析

［地名］

Basra 巴士拉
Belgrade 贝尔格莱德
Darfur 达尔富尔
Nyiragongo volcano 尼拉贡戈火山
Qatar 卡塔尔

［人名］

Albright 奥尔布赖特
Alex Dallin 亚历克斯・达林
Alex George 亚历克斯・乔治
Arnie Kanter 阿尼・坎特
Bill Wood 比尔・伍德
Bo Miller 博・米勒
Bob Carlin 鲍勃・卡林
Brent Scowcroft 布伦特・斯考克罗夫特
Carl Ford 卡尔・福特
Chip Blacker 齐普・布莱克
Chris Clarke 克里斯・克拉克
Chris Kojm 克里斯・科基姆
Colin Powell 科林・鲍威尔
Craig Gralley 克雷格・格莱利
Dan Kurtzer 丹・库尔策
Darrell Johnson 达雷尔・约翰逊
David Gordon 戴维・戈登
Dennis Blair 丹尼斯・布莱尔
Doug Mulholland 道格・马尔霍兰
Gabriel Almond 加布里埃尔・阿尔蒙德
Gaston Sigur 加斯顿・西古尔
George Tenet 乔治・特尼特
Greg Treverton 格雷格・特雷弗顿
Hugo Chavez 乌戈・查韦斯
Jan Karcz 简・卡尔奇
Jim Buchanan 吉姆・布坎南
Jim Kelly 吉姆・凯利
Jim Woolsey 吉姆・伍尔西
Joe Nye 乔・奈
John Gannon 约翰・甘农
John Keefe 约翰・基夫
John McLaughlin 约翰・麦克劳林
John Negroponte 约翰・内格罗蓬特
John W. Lewis 约翰・刘易斯
John Wohlman 约翰・沃尔曼
Larry Wilkerson 拉里・威尔克森
Marc Grossman 马克・格罗斯曼
Mat Burrows 马特・伯罗斯
Mike McConnell 迈克・麦康奈尔
Mike Wertheimer 迈克・韦特海默
Mort Abramowitz 莫特・阿布拉莫维茨
Nancy Tucker 唐耐心
Osama bin Laden 奥萨马・本・拉登
Paul Pillar 保罗・皮勒
Paula Causey 葆拉・考西
Peter Hoekstra 彼得・胡克斯特拉
Phyllis Oakley 菲莉丝・奥克利
Richard Armitage 理查德・阿米蒂奇
Richard Immerman 理查德・埃默曼
Robert Byrd 罗伯特・伯德

Rodney Dangerfields 罗德尼・丹杰菲尔德
Ron Rice 罗恩・赖斯
Saddam Hussein 萨达姆・侯赛因
Sam Nunn 萨姆・纳恩
Sandi Jimenez 桑迪・希门尼斯
Sherry Hong 雪莉・洪
Stape Roy 芮效俭
Stephen Hadley 斯蒂芬・哈德利
Steve Grummon 史蒂夫・格鲁门
Steve Kaplan 史蒂夫・卡普兰
Strobe Talbott 斯特罗布・塔尔博特
Toby Gati 托比・加蒂
Tom Pickering 汤姆・皮克林
Umar Farouk Abdulmutallab 奥马尔・法鲁克・阿卜杜穆塔拉布
Vann Van Diepen 范迪彭
Wayne Limberg 韦恩・林贝格
Yogi Berra 约吉・贝拉

国家安全与保密参考书目

策划人：朱策英
邮　箱：gwpbooks@yahoo.com

《情报与突然袭击：战略预警案例研究》　［美］埃里克·J. 达尔　著

本书对珍珠港事件、中途岛战役、“9·11”事件等重大突袭事件中的情报成败与决策关系进行了深刻剖析。在介绍了各个学派研究者对情报失误原因的观点后，作者结合上述突袭事件提出了自己的观点，即预防行动理论。最后，作者针对此前发生的未遂阴谋，对情报失误与决策不当的种种动因进行了理论验证。

《减少不确定性 ：情报分析与国家安全》　［美］冯稼时　著

本书介绍了美国情报界的分析人员应该做什么工作，如何工作，以及怎样为国家安全减少不确定性。作者运用大量真实案例，结合自身经验，进行了专业理性的论述。同时，他也针对实际问题，提出各种极有见地的建议。作为战略预警学术著作，本书有助于读者了解美国的情报工作思维、国家安全逻辑和外交思想，为应对挑战提供可资参考的视角。

《珍珠港 ：预警与决策》　［美］罗伯塔·沃尔斯泰特　著

本书是世界上首部关于情报失误或预警失误的著作，开启了预警问题的研究之门。作者深刻剖析了 1941 年日本成功突袭美国珍珠港这一事件，从美军预警失败的角度查找原因并总结经验，被奉为“最全面研究情报失误导致被突袭的最佳作品”，具有较高的情报研究价值。

《预警情报手册（完整解密版）：国家安全威胁评估》　［美］辛西娅·格拉博　著

作者通过回顾美国 1971 年前的预警情报工作，分析经典情报失误案例，总结经验教训，指导如何有效阅读、撰写和分析预警情报，以便更准确预判突发事件。本书为最新完整解密版，涵盖军事情报、政治情报、经济情报、民生情报等各领域，堪称预警情报经典之作。

《先发制人 ：国际冲突的先制与预防》　［美］迈克尔·多伊尔　著

一个负责任的政府是应采取预防措施，对潜在敌人发动先制战争以防患于未然，还是待冲突发生后再采取动作？为因应“9·11”恐怖袭击后的挑战，作者就近数十年来的国际冲突案例进行了深入浅出的分析，提出了自己的国家安全主张。

《突然袭击 ：被袭国的视角》　［以］伊弗雷姆·卡姆　著

本书系统分析了 1939 年以来的全球 11 个经典突袭案例，梳理致使一国遭受战略突袭的分析困难、判断偏见、组织障碍等，是研究战略突袭的经典之作。它告诉我们，突袭虽极难预防，但只要处理得当，并非完全不可避免。

《美国政府保密史 ：制度的诞生与进化》　［美］戴维·弗罗斯特　著

本书论述了美国政府自建国前至今的保密史。作者以大陆会议、宪法制定、曼哈顿计划等各种历史事件为切入点，讲述了保密如何在维护美国国家安全中发挥重要作用，政府保密制度与文化怎样跟随历史不断演变。

《情报欺骗 ：反欺骗与反情报》　［美］罗伯特·克拉克　［丹］威廉·米切尔　著

通过丰富的案例，作者系统论述了情报欺骗的历史、原理和应用，兼顾理论与实践，并提供了各种实操训练方法。其内容包括欺骗的途径、方法，在战争中运用欺骗的优势，案例分析及其复盘，实操练习与批评性思考等等。作为情报欺骗的标杆性理论专著，本书利于我们加深对西方情报欺骗的认识，在复杂的国际局势中有效保护国家安全。

《情报搜集的五大科目》　［美］马克·洛文塔尔　罗伯特·克拉克　主编

本书涵盖开源情报、人力情报、信号情报、地理空间情报、测量与特征情报等五大搜集科目，并对情报搜集的定义、历史、流程、管理和趋势等进行了系统介绍。这是一部重要的情报搜集专著，由五位情报实战专家撰稿，两位知名情报理论家担纲主编，有助于正确认识美国情报搜集理论和方法，对我国情报和安全研究具有一定的参考价值。

《情报分析 ：复杂环境下的思维方法》　［美］韦恩·霍尔　加里·西腾鲍姆　著

本书全面论述了如何在复杂环境下思考、开展情报分析工作，做好应对国际冲突新形势下危险敌人和各种非常规冲突的准备，重点阐述了高级分析方法及其实践应用。本书乃美国情报分析经典著作，为国家安全研究提供了积极的参考视角。

《战略情报 ：情报人员、管理者和用户手册》　［澳］唐·麦克道尔　著

本书阐述了战略情报从生产到应用的整个环节，重点论述了战略情报的概念和原理，战略情报分析的流程和方法，战略情报管理思想和决策观念的革新，战略情报批判性与创造性思维的实践应用等，堪称战略情报的首部系统性研究著作。

《分析情报：国家安全从业者视角》 [美] 罗杰·乔治 詹姆斯·布鲁斯 主编

本书从国家安全的视角，汇集美国情报界 24 位顶级专家的思想，深度阐释情报分析的 20 个核心议题，包括搜集缺口、认知缺陷、外国拒止与欺骗、分析与政策关系、不确定性、反恐斗争、国内情报等，是情报分析领域论述最为全面的书籍之一。

《情报分析案例·实操版：结构化分析方法的应用》 [美] 萨拉·毕比 伦道夫·弗森 著

本书是《情报分析案例：结构化分析方法的应用》的配套用书，采用情景化示范的方式，论证了结构化分析方法的实际应用，为情报分析及其他行业的决策者和管理者提供有效的工作指南。

《情报分析案例：结构化分析方法的应用》 [美] 萨拉·毕比 伦道夫·弗森 著

作者精选出 17 个经典案例，指导情报分析人员运用结构化分析方法处理实际问题。本书是《情报分析心理学》和《情报分析：结构化分析方法》的姊妹篇，与《情报分析案例•实操版：结构化分析方法的应用》是配套用书。

《情报分析：结构化分析方法》 [美] 小理查兹·J. 霍耶尔 伦道夫·弗森 著

本书采用结构化分析方法的新理念，将 55 种情报分析方法分成 8 大类，不仅阐述每一种分析方法本身的内容，还指出其适用场景、增加的价值、具体的操作步骤等，可有效提升情报用户的预测和决策能力。

《情报研究与分析入门》 [美] 杰罗姆·克劳泽 原著 [美] 简·戈德曼 改编

本书全面探讨了情报研究与分析的各个阶段，重点讨论了情报研究的规范程序和适用的分析方法工具、模型，优秀情报分析人员的必备特质，以及如何提升情报产品的质量，是情报研究与分析入门必备教材。

《战略情报的批判性思维》 [美] 凯瑟琳·弗森 伦道夫·弗森 著

本书关注如何在情报工作中应用批判性思维，系统阐述了 20 个重点问题，介绍了其中的各种实用技巧与工具，以及简单易懂的解决办法。这是一部情报工作者高效思考力指南，情报分析的三大黄金标杆教科书之一。

《情报搜集技术》 [美] 罗伯特·克拉克 著

本书是首部系统论述情报搜集技术的专著，集中讨论了各种技术搜集手段，情报搜集策略与管理问题等；重点探讨了搜集技术在国家安全领域的三大用途，让读者一窥美国情报界强大的情报搜集能力、发展动向及维护国家安全的最新思维。

《情报：从秘密到政策》 [美] 马克·洛文塔尔 著

本书详细阐述情报的概念、历史、流程、搜集、分析、反情报、隐蔽行动等问题，重点讨论情报在美国国家安全决策中的重要作用。本作品享有极高声誉，多次再版修订，已成为全美外交、国关、国安、情报等诸多学科的权威教材。

《情报分析心理学》 [美] 小理查兹·J. 霍耶尔 著

本书主要探讨了人类在判断不完整或模糊信息过程中的认知心理问题，以及这些问题如何对情报分析产生影响，而我们又怎样有效克服这些影响。本书既是美国情报机构培训员工的经典教科书，也是中情局情报官员的必备参考读物。

《情报分析：以目标为中心的方法》 [美] 罗伯特·克拉克 著

作者创造性地提出运用"以目标为中心"的情报分析方法，完善情报分析的逻辑过程，形成"确定目标—问题分解—建立模型—评估数据—填充模型—进行预测"的情报分析流程，称得上是一部名副其实的情报分析教科书。

《斯诺登档案：世界头号通缉犯的内幕故事》（修订版） [英] 卢克·哈丁 著

本书对"斯诺登事件"进行了全面介绍和解读。它详细追踪了斯诺登的泄密动机、获取机密文件的方式、媒体的报道过程及事件的后续发展，讲述了事件背后各方的博弈较量与攻防策略，披露了美英等国监控全球的手段和规模。

《二战后的美国对外政策》 [美] 史蒂文·胡克 约翰·斯帕尼尔 著

作者将美国置于全球背景下，系统讲述了 1945 年二战结束后该国对外战略的重大发展与变化，深刻剖析了其外交政策的决策机制，提示了其对外战略的形成过程与规律。通过本书，读者可以了解美国对外政策的根源和复杂性，深入理解其对外战略的全景图。

《谁来监管泄密者?:国家安全与新闻自由的冲突》 [美]盖里·罗斯 著

通过美国政府历史上重大的泄密案例，作者探讨了未授权信息泄露背后的动机、代价、法律困境和解决之道，以提醒全美情报系统:对手如何获取美国情报，获得情报后会取得怎样的优势。本书是信息时代普及国家安全意识的必备佳作。

《情报术:间谍大师杜勒斯论情报的搜集处理》 [美]艾伦·杜勒斯 著

本书作者以第一人称的视角展开，着重阐述了情报的实用技巧——情报如何搜集和处理，以及形成的结果怎样为制定国家政策服务。本书是“间谍大师”、中情局任期最长局长、美国现代情报系统缔造者杜勒斯的收官之作。

《骗中骗:克格勃与中情局的无声战争》 [美]爱德华·爱泼斯坦 著

本书以美国反间谍头目詹姆斯·安格尔顿之死为缘起，追踪了苏联从建国伊始到冷战末期“欺骗对手”的各种行动，以及美国是如何应对和接招的。该书呈现了中情局与克格勃在情报与反情报上的较量，是国家安全研究的重要资料。

《全民监控:大数据时代的安全与隐私困境》 [英]约翰·帕克 著

阿桑奇、斯诺登等的接连爆料警示我们，“全民监控”的时代已经来临。为了获得全方位的监控能力，西方国家利用闭路系统、窃听设备、身份识别技术、定位追踪装置等随时随地监视民众。本书是读者迅速掌握隐私与信息安全知识的必读之作。

《网络战:信息空间攻防历史、案例与未来》 [美]保罗·沙克瑞恩 等著

通过梳理各种经典案例，本书系统探讨了网络战历史、现实和未来。以跨学科的研究方法，作者有机融合理论与实例，涵盖了从个人、组织机构到国家的网络安全问题，细致阐述了网络空间的生存之道。

《秘密情报与公共政策:保密、民主和决策》 [美]帕特·霍尔特 著

全书讲述了美国安全情报的起源与演变，介绍了与国家安全政策制定相关的四大情报活动，穿插了一些情报利用、误用、滥用等的经典案例，并展望了情报和政策两者的未来关系。

《国家安全与情报政策研究:美国安全体系的起源、思维和架构》 [美]伯特·查普曼 著

本书总结和收集了大量以美国为主的世界各国国家安全政策资料，重点介绍了美国国家安全思想和架构的起源和发展历程，以及作为其国家安全基石的情报政策的历史变迁，具有极强的资料性和实用性，是研究国家安全历史的重要案头书。

《恐怖主义如何终结:恐怖活动的衰退与消亡》 [美]奥德丽·克罗宁 著

通过精心研究各种恐怖组织，本书总结出终结恐怖组织的六种模式，分别系统、深入地加以论述，辅以大量实际数据、案例研究和图表作支撑。本书极具历史性、实践性和经典性，论证严谨，是反恐领域的一部不可多得的标杆性读物。

《21世纪犯罪情报:公共安全从业者指南》 [美]理查德·赖特 等主编

本书全面、系统、深入地介绍了以美国为主的西方国家犯罪情报工作的过去、现在和未来，论述了犯罪情报工作的思想、流程、方法、工具和实践。全书在理论上揭示了犯罪情报工作的基本规律;在实践上提供了犯罪情报工作的方法工具。

《数据与监控:信息安全的隐形之战》 [美]布鲁斯·施奈尔 著

在西方世界，大量的个人数据会被政府和企业监控，政治自由与公平、商业公平与平等，甚至隐私以及安全等都因监控岌岌可危。本书给出切实可行的建议，探讨如何才能有效应对监控，保护信息安全和隐私。作者被誉为信息领域的“安全教父”。

《金融情报学》 王幸平 著

本书探讨了金融情报的概念，金融情报的搜集、撰写和分析，金融情报人员的定位，金融情报机构与金融决策机构的关系，以及金融反情报等等。全书思想丰沛，案例多样，构建了一套专业情报学框架，对金融理论创新和国家安全研究均有参考价值。